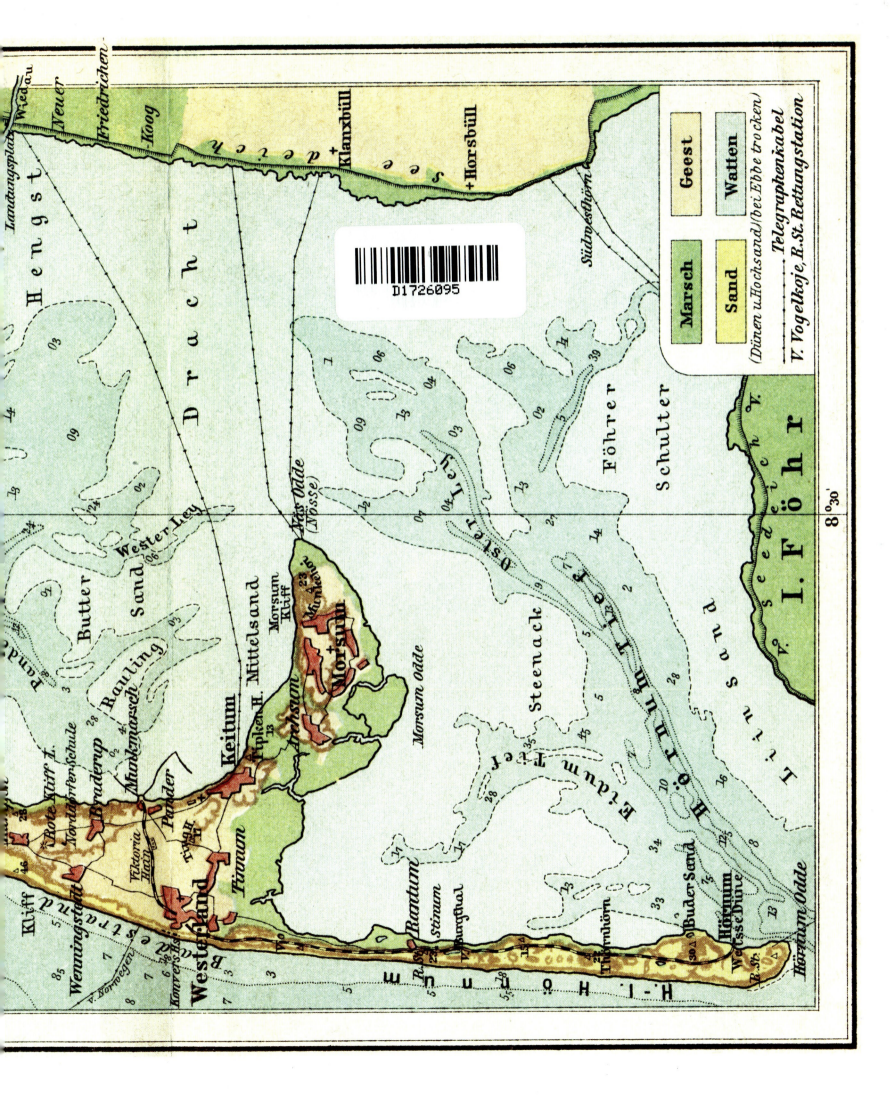

Das alte Sylt

Peter Carstensen/Ellert&Richter Verlag
Das alte Sylt

Inhalt

Das alte Sylt 6

Die Anreise 30

Als Gast in Westerland 52

Badeleben 74

Ausflüge in die Umgebung 92

Eine Zeit geht zu Ende 122

Impressum 128

Das alte Sylt

Morsum is dat gode Land,
Archsum dat is wohlbekannt,
Keitum da is Speck un Brot,
Tinnum da is Hungersnot,
Westerland liggt an de Strand,
Rantum dat is vull von Sand,
Braderup dat hohe Fest,
Wenningstedt dat Waternest,
Kampen dat is vull von Steen,
List dat liggt for sik alleen.

So lautet ein alter Spruch, der die einzelnen Dörfer der Insel charakterisierte, als Keitum noch Hauptort von Sylt war und sich in Westerland nur wenige Häuser hinter einem schmalen Dünengürtel duckten. Lang ist's her.

Wie aber sah die heutige Inselhauptstadt um die Mitte des vorigen Jahrhunderts aus?

„Westerland, ein Kirchdorf auf der Insel Sylt, ist ein Theil des verschwundenen Kirchspiels Eydum. Der südliche Theil dieses sehr ansehnlichen Dorfes wird in Süder-, Wester- und Osterende, der übrige Theil aber in Nord-, Süd-, Ost- und Westhädig eingetheilt." So beginnt die kurze Beschreibung Westerlands in der *Topographie des Herzogthums Schleswig* aus dem Jahre 1854. Die Zahl der Häuser wird mit 101, die der Einwohner (mit dem dazugehörigen Rantum) mit 458 angegeben.

Der Bericht erwähnt auch „... eine Kirchspielschule, ein Armenhaus, 3 Kaufleute und Krämer, 3 Schmiede und mehrere Handwerker" sowie „46 Seefahrer, unter denen 23 Schiffer und Steuermänner". Von ehemaligen Seeleuten und Kapitänen, die sich bereits zur Ruhe gesetzt hätten und vom Ersparten lebten, ist ebenfalls die Rede. Viele Einwohner verdienen ihr Geld mit der „Verfertigung wollener Jacken und Strümpfe, die in großen Mengen ausgeführt werden".

Bescheiden war auch die Kirche. Nachdem der erste Bau wegen des Flugsandes um 1635 abgebrochen worden war, hatte man wenig später aus den Steinen der ehemaligen Eydumer Kirche eine neue gebaut, die jedoch „nur klein und zum Theil mit Ziegeln gedeckt ist".

Dieses knappe Porträt Westerlands stammt aus genau jener Zeit, als der Ort begann, sich den Schlaf aus den Augen zu wischen, und leise die bis dahin fest verschlossene Pforte zur Außenwelt öffnete, um freundlich und arglos zum Besuch seiner Einsamkeit einzuladen – nicht ahnend, daß hiermit unabänderlich das Ende des stillen und beschaulichen Lebens seiner Bewohner eingeläutet wurde. Ähnlich arglos wie zehn Jahre später, nach dem Ende des deutsch-dänischen Krieges von 1864, als man in Keitum den österreichischen Truppen zujubelte und glücklich war, das „dänische Joch" abgeschüttelt zu haben, aber sich plötzlich in einer preußischen Provinz mit einer gängelnden und aufgeblähten Verwaltung wiederfand. Nun schauten sich meine Ahnen Petje und Fröde, Gondel und Moiken verwundert an: Nein, so hatten sie sich das Leben auf ihrem Eiland eigentlich nicht vorgestellt. Aber wie sagte der Gastwirt Matz Petersen aus Westerland doch ganz richtig: „Wat en sik upfüllt het, dat mut he ok upfreten!"

Als offizielles Gründungsjahr des Nordseebads Westerland gilt das Jahr 1855. In diesem Jahr, so wird berichtet, hatte man – angeregt durch den Landvogt von Lewetzau, der eine Badekarre für seinen persönlichen Bedarf aufstel-

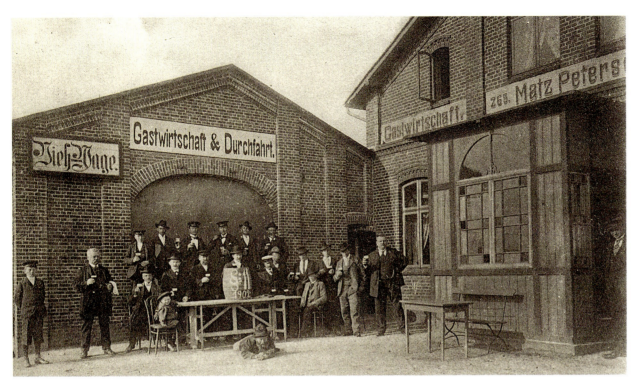

Christian Peter Hansen (1803–1879) – Schulmeister in Keitum und Inselchronist (oben). Mit seinen schriftstellerischen Arbeiten – er verfaßte unter anderem 1859 den ersten Badeführer für die Insel Sylt – hat er den Fremdenverkehr günstig beeinflußt.

Matz Petersens Gasthof und Tanzsalon (links) befand sich in der Kjeirstraße, Ecke Deckerstraße, in Westerland. Insbesondere für die Einheimischen war das ein beliebtes Veranstaltungslokal. Sein Wirt war ein Original.

len ließ – erstmalig Umkleidezelte am Strand aufgeschlagen. Um sie benutzen zu dürfen, mußte der Gast eine Badekarte lösen. Sie ist Vorläufer der späteren Kurkarte, und mit ihrer Einführung hat man die Geburtsstunde des Bades verbunden. Überliefert ist aber auch, daß sich bereits 1854 einige Dutzend Badegäste, überwiegend Hamburger, in Westerland aufgehalten haben. Sie hätten zwar die vorzüglichen Eigenschaften des Seebades gelobt, aber auch das Fehlen jeglichen „Comforts" bemängelt. Das Jahr 1855 bescherte der Insel bereits 98 Gäste. Es waren in erster Linie Erholungsuchende, die hier Besserung ihrer Leiden erhofften und die Insel langsam bekannt machten.

Der Sylter Chronist Christian Peter Hansen (1803–1879) schrieb dazu in seinem 1870 veröffentlichten Buch *Der Badeort Westerland auf Sylt und dessen Bewohner*: „Das Seebad in Westerland ist nicht deshalb begründet worden, weil ein Bedürfniß da war, der Bevölkerung des Ortes einen neuen Erwerbzweig zu schaffen, auch nicht, weil ein Ueberfluß an müssigen Geldkräften und Speculanten da war; sondern einfach deshalb, weil natur- und heilkundige Fremde, unter andern Dr. med. Gustav Roß aus Altona, welche die Insel Sylt besucht und deren Strand- und Dünenverhältnisse, deren Luft und Meer, kennen gelernt hatten, nicht genug rühmen konnten von den Heilkräften, welche hier in den, die Insel umgebenden Elementen vorhanden und für die leidende Menschheit so leicht zu verwerthen wären ..." Natürlich vergißt der Chronist auch nicht zu erwähnen, daß die Sylter die neue Entwicklung aufmerksam beobachteten und daß „... sich in der Bevölkerung Westerlands nicht wenige fanden, welche offene Augen und Ohren für diese Gaben der Natur und diese Winke der kundigen Fremden, aber auch Sinn, Geld und Muth genug hatten, die Hand zu reichen für die Begründung einer so gemeinnützigen Unternehmung ..."

Dr. Gustav Ross (oben), Arzt aus Altona, kam in den Jahren 1857 und 1858 als Kurgast nach Westerland. Mit seiner Schrift *Das Nordseebad Westerland auf der Insel Silt* hat er erheblich zur Belebung des Bades beigetragen.

Der kleine Dampfer *Sylt* (rechts), 1883 bei den Kieler Howaldtswerken gebaut, verkehrte bis 1904 zwischen Hoyerschleuse und Munkmarsch. 1904 kaufte ihn die Nordsee-Linie und setzte ihn zwischen Hörnum und Amrum ein.

Der von Hansen erwähnte Dr. Gustav Ross weilte in den Jahren 1857 und 1858 als Kurgast in Westerland. Seine Schrift *Das Nordseebad Westerland auf der Insel Silt – Eine vorläufige Ankündigung* war eine gute Werbung und wirkte sich sehr günstig für das junge Bad aus. Zum Dank wurde in Westerland eine Straße nach ihm benannt.

Wer in der Mitte des vorigen Jahrhunderts die Insel Sylt besuchen wollte, hatte allerdings einen beschwerlichen Weg vor sich. Selbst die Reise von Hamburg auf die Insel war noch ein abenteuerliches Unterfangen, denn erst seit 1844 gab es mit der Eröffnung der Strecke von Altona nach Kiel eine erste Eisenbahnverbindung in Schleswig-Holstein. Auch als dann später die Strecke bis Flensburg erweitert wurde, war man immer noch auf den Kutschwagen angewiesen, der den mutigen Reisenden von dort über holprige Heidewege an die Westküste beförderte. Die Fähre, die nur zweimal in der Woche verkehrte, benötigte von Emmerleff bis Munkmarsch auf Sylt bei ungünstigen Verhältnissen manchmal einen ganzen Tag. Wer keinen Platz in der winzigen Kajüte bekam, mußte sich unter einem Stück Segeltuch verkriechen. Entsprechend aufgeweicht erreichte der Besucher dann die Insel. Froh, wieder festen Boden unter den Füßen zu haben, konnte er nun per Pferdefuhrwerk seine Reise nach Westerland fortsetzen.

Besser wurde es, als auch Husum mit der Eisenbahn zu erreichen war und als dann ab 1859 von dort ein

Einsam liegt dieses Friesengehöft am einstigen Westerende von Westerland. Die Wagenspur folgt ungefähr dem Verlauf des heutigen Lerchenwegs.

Dampfschiff die Gäste bis nach Nösse an den Ostzipfel der Insel brachte. Ab 1858 konnten auch diejenigen, die über Flensburg und Tondern angereist waren, mit einem richtigen Dampfschiff nach Sylt übersetzen.

Was erwartete den von diesen Strapazen Ermüdeten auf unserem abgeschiedenen Eiland?

„Ein Modebad ist Westerland nicht und wird es auch schwerlich werden«, meinte einst der Lyriker und Erzähler Julius Rodenberg (1832–1914), der 1859 als einer der ersten Sommergäste die Insel besuchte. Seine Impressionen hielt er in einem Tagebuch fest, das er später veröffentlichte. *Stillleben auf Sylt* nannte er das kleine Werk. Und dies waren seine ersten Eindrücke: „Hier sind wir am fernsten Nordseestrande. Ein kleines, friedliches stilles Haus unter den Dünen beherbergt uns. Die Wände sind weiß, die Decke ist niedrig; von den Fenstern läßt nur eines halb sich öffnen, die andren sind fest zugenagelt, denn scharf streicht der Wind über Sylt. Unser Blick geht südwärts auf die weite, breite Haide. Einzelne Häuser sind hier verstreut, andre liegen dort beisammen. Wie einsam ist es auf Sylt! Am Abend, als ich ankam, und ein Rauschen, halb des Meeres, halb des Windes, auf dem sanften Rasenboden aber keines Menschen Schritt gehört ward, während mich das Geheimniß der Dunkelheit und des Unbekannten umgab: da hatte ich die Empfindung, als könne man hier ein neues Leben voll schweigender Glückseligkeit beginnen.

„Hinter uns liegen die Dünen, bleiche, traurige Hügel mit wehendem Schilf und Riedgras. Unter den Hügeln ist das Meer – weit, breit und gelbgrün ...

Menschen gehen wenig am Strand. Die tiefe Einsamkeit desselben wird selten, selten nur gestört."

Was würde Julius Rodenberg wohl sagen, könnte er heute an einem Julinachmittag über die Friedrichstraße flanieren und von der Kurpromenade aus die harmonische Architektur des Neuen Kurzentrums bewundern?

Daß er ein „Paradies" besessen, erkennt der Mensch erst, wenn er es unwiederbringlich verloren hat. Das gilt auch für das Sylt unserer Zeit. Nur einhundert Jahre brauchte es, um aus einer stillen, in sich ruhenden Welt das typische Beispiel für die Auswüchse des Massentourismus entstehen zu lassen. Anfangs veränderte sich die Insel nur langsam, aber dann schneller und schneller, bis der Zeitpunkt einer Rückbesinnung endgültig verstrichen war.

Die empfindliche Natur der Insel bildet das eigentliche Kapital ihrer Bewohner. Und doch hat man immer wieder geglaubt, daß hier und dort ein Stückchen von ihr entbehrlich sei. So wurde und wird schrittweise weitergeopfert. Niemand konnte dieser einträglichen Entwicklung bisher entgegentreten. Die Geister, die man gerufen hatte, wurde man nicht mehr los. Langsam, aber unaufhaltsam setzte die Bautätigkeit ein – ein Ende ist selbst heute nicht in Sicht. Deshalb reiht sich Sylt nun nahtlos in die Vielzahl der vorhandenen Feriengebiete mit dem typischen baulichen Wildwuchs ein. Der Gast hat mit dem wenigen, was vom einstigen Inselzauber geblieben ist, zufrieden zu sein und ist es vielleicht auch – schließlich kennt er Sylt nicht anders.

Die heutigen Verhältnisse haben mehrere Ursachen. Natürlich wurden bereits durch die Gründung des Bades und in den darauffolgenden Jahrzehnten die ersten Voraussetzungen geschaffen. Sylt wurde bekannt, beliebt, sogar „chic", bis es vielen anderen Nordseebädern endgültig den Rang abgelaufen hatte. Die steigenden Ansprüche der Gäste mußten befriedigt werden, das „unberührte" Sylt erhielt langsam ein anderes Gesicht. Auch die ersten Pläne für den Bau eines Eisenbahndamms stammen bereits aus der Zeit vor der Jahrhundertwende. Trotzdem ließ der Wandel zum mondänen Kur- und Urlaubsort den Charme der Insel in weiten Teilen unangetastet und ist mit den späteren Veränderungen und Eingriffen nicht zu vergleichen.

Besonders die beiden Weltkriege hinterließen tiefe Spuren, weil der geographischen Lage der Insel eine besondere strategische Bedeutung zugemessen wurde. Sowohl im Ersten als auch im Zweiten Weltkrieg wurde Sylt zur Festung ausgebaut. Die zwischen 1914 und 1918 entstandenen militärischen Anlagen wurden zwar nach Kriegsende zum überwiegenden Teil wieder demontiert, die Barackenlager Vogelkoje, Klappholttal und Puan Klent aber blieben erhalten und wurden zu Jugendheimen umfunktioniert. Eine Zier der Landschaft sind sie nie geworden.

Aber all dies nahm sich bescheiden aus gegen den militärischen Bauboom der dreißiger Jahre. Jetzt wurde das Landschaftsbild der Insel entscheidend verändert. Hörnum, einst verträumte Anlegestelle der Seebäderdampfer, wurde Seefliegerhorst; ebenso Rantum

Kleines Wohnhaus im friesischen Stil an der Südhedig in Westerland. Trotz der Enge rückte man während der Saison gern ein wenig zusammen und machte in den Anfängen des Badebetriebs für den Gast eine kleine Kammer frei.

und List. Neben den eigentlichen militärischen Anlagen entstanden die Wohnbereiche der Truppenangehörigen, die als neuentstandene Ortschaften noch heute vorhanden sind, sich ständig weiter vergrößern und die Natur im Norden und Süden der Insel langsam, aber stetig zubetonieren.

Am Friedrichshain in Westerland entstanden 1936 das Luftwaffenlazarett, die spätere Nordseeklinik und die Marinesiedlung. Aus dem ursprünglich kleinen Landeplatz beim Friesenhain wurde 1938 der gewaltige Westerländer Militärfliegerhorst. Er umfaßte das gesamte Areal zwischen den Ortschaften Westerland, Tinnum, Keitum, Munkmarsch, Braderup und Wenningstedt. Es steht zu befürchten, daß auch dieses Gelände früher oder später als Bauland erschlossen wird.

Die Einwohnerzahlen vervielfachten sich. Die hiermit verbundene Überfremdung drängte die Friesen und ihre Sprache langsam, aber sicher zurück. Wie sollte es auch anders sein, hatte doch Westerland, als das Bad gegründet wurde, nicht mehr als 450 Einwohner. 1890 waren es bereits 1266 Einheimische und 7000 Gäste, und 1985, ein knappes Jahrhundert später, wurde die Einwohnerzahl mit 8850 angegeben. Daneben sorgten im selben Jahr insgesamt 142 024 Gäste für fast zwei Millionen Übernachtungen. Und ein Ende ist nicht abzusehen, denn die Volkszählung von 1987 ergab 9479 Einwohner. Dieser „Bevölkerungsexplosion" auf ihrer Insel haben die Sylter Friesen schon lange nichts mehr entgegenzusetzen.

Als dann in den sechziger und siebziger Jahren unseres Jahrhunderts die Spekulanten zugriffen und der Bauboom einsetzte, begannen die Orte überzuquellen und immer mehr Platz zu beanspruchen. Wer erinnert sich nicht an die großen Werbeplakate, die entlang der Eisenbahngleise aufgestellt waren und auf denen zu lesen stand: „Wir bauen für Sie Komforthäuser und -wohnungen in der schönsten Sylter Landschaft!" Die Folgen sind bekannt.

Breite Autostraßen haben mittlerweile beinahe jeden Winkel erschlossen, und in den Dünen reiht sich Parkplatz an Parkplatz, für deren Auslastung die Bundesbahn täglich mit ihren Autotransporten sorgt. Selbst als die 1995 in Westerland und Wenningstedt vorgenommenen Schadstoffmessungen bedenkliche Werte erreichten und deshalb die Frage gestellt wurde, ob die Bezeichnung Bad noch zu rechtfertigen sei, wurden keine Maßnahmen ergriffen. Die Sylter Natur hat leider nur eine schwache Lobby.

Es stimmt mich traurig, daß einige meiner friesischen Landsleute ihren Wohnsitz auf dem Festland nehmen müssen, weil Miet- und Immobilienpreise für sie nicht mehr erschwinglich sind. Die schnelle Mark beherrscht die Szene.

Trotz all dieser Fehlentwicklungen hat Sylt seinen Reiz nie ganz verloren. Das Engagement vieler für den Erhalt der Insel und ihre Erfolge – zum Beispiel die Verhinderung des Hochhausprojektes „Atlantis" in Westerland in den siebziger Jahren – mögen im Vergleich zum Geschäft mit dem Fremdenverkehr unbedeutend sein; sie sollten aber nicht vergessen werden. Natürlich bleibt noch viel zu tun, um Sylt vor weiteren schweren Eingriffen in seine Natur zu bewahren, besonders aus der Sicht des Einheimischen.

So bleiben mir nur meine ganz privaten Träume von einem stillen, beschaulichen Eiland, von dem mir einst meine Großmutter und mein Vater erzählt haben und das ich teilweise selbst noch erleben durfte. Doch die „gute alte Zeit", in der der einsetzende Fremdenverkehr meine Heimat noch nicht tiefgreifend verändert hatte, ist nun endgültig Vergangenheit.

Die Sehnsucht nach einer verlorenen Welt ist geblieben. So mögen dieses Buch und die alten Bilder, die ich im Laufe meines Lebens zusammengetragen habe, Erinnerungen und Stimmungen bei allen wecken, denen es geht wie mir – denke ich an Sylt.

Das alte Sylt | 13

Die zweimal täglich stattfindenden Kurkonzerte an der Westerländer Strandpromenade waren ein gesellschaftliches Ereignis. Entsprechend fein gekleidet begaben sich die Kurgäste zum Musikpavillon.

Urlaubsidylle vor dem „Hotel zum Kronprinzen" in Wenningstedt. 1894 hatte man auf der Heide zwischen Wenningstedt und Westerland mit dem Bau des ersten Hauses (links) begonnen und es bis zur Jahrhundertwende um Villen und Logierhaus erweitert. Das Hotel lag zwar weitab, verfügte aber über alles, was der Kurgast benötigte, und sogar über einen eigenen Badestrand.

Der Bau der Sylter Nordbahn vollzog sich in zwei Etappen. Während sich bei der 1903 verlegten Strecke von Westerland über Wenningstedt nach Kampen kaum Schwierigkeiten ergaben – sie verlief meist durch die flache Sylter Heide –, führte die 1908 eröffnete Verlängerung der Linie von Kampen nach List durch Dünengelände. Wenn sich die Gleisführung auch überwiegend dem natürlichen Gelände anpaßte, mußten doch an einigen Stellen Durchstiche erfolgen. Das führte dazu, daß der nun freiliegende Sand über die Schienen wehen und Störungen verursachen konnte. Um dem Sandflug zu begegnen, begann man anschließend, die Sandflächen mit Dünenhalm zu bepflanzen.

16 | Das alte Sylt

Der „süße Heinrich" war ein Original und vom Westerländer Strand nicht wegzudenken. Der erste, der hier abgebildete Heinrich Heidtmann aus Magdeburg, war bereits in den frühen Jahren des Badebetriebs bekannt und allseits beliebt. In einer Glasröhre trug er auf Holzpfeile gespießte kandierte Walnüsse, die er den Gästen als Leckereien verkaufte.

Bis ins Jahr 1902 waren Herren- und Damenbadestrand streng getrennt. Im Westerländer Herrenbad führte der Rettungsschwimmer Paul Lassen die Aufsicht.

Diese seltene Aufnahme zeigt eine Gruppe von Damen in den damals üblichen Badeanzügen. Es wurde darauf geachtet, daß die Badekleidung den Vorschriften entsprach. Gewagte Modelle hatten noch keine Konjunktur.

Sie wachten über das Wohlergehen der Badenixen: die Badewärterinnen. In der hinteren Reihe (dritte von rechts) steht meine Großmutter, in Westerland und am Strand als „Oma Molly" bekannt. Sie war seit 1888 Badewärterin und bis 1939 bei der Kurverwaltung beschäftigt. Die beiden Herren im Bild gehörten zu den wenigen Privilegierten, denen der Aufenthalt im Damenbad gestattet war. Der Herr links verkörperte als Strandaufseher die Obrigkeit, der Herr rechts (mit Schwimmweste) war der von seinen Kollegen beneidete Rettungsschwimmer Laugesen.

Kampen liegt auf einem Hochplateau der Insel und hat an seiner Seeseite eine 30 Meter abfallende Steilküste, das Rote Kliff. Der unmittelbar am Kliff gelegene Kampener Strand genoß schon früh den Ruf, der schönste der ganzen Nordsee zu sein.

Auf dem Weg zum Strand von Kampen passierte man die kleine Hütte des Strandwärters. Hier konnte für vier Mark pro Woche der Strandkorb gemietet werden. Eine Kurtaxe wie in Westerland wurde in Kampen nicht erhoben.

Dieses seltsame, so gar nicht in die friesische Landschaft passende Haus wurde 1902 von Ferdinand Avenarius, dem Neffen Richard Wagners, in Kampen erbaut. Avenarius bemühte sich, Künstler für Kampen zu begeistern und aus dem Ort eine Art Hiddensee oder Worpswede zu machen.

Das alte Sylt | 23

Durch seine einzigartige Lage zwischen Watt und Meer und dem Lister Dünenrand übte Kampen schon immer einen besonderen Reiz auf seine Besucher aus. Kein Ort auf der Insel konnte eine so wunderbare Aussicht über Meer, Heide, Dünen und Watten vorweisen. Es wird berichtet, daß diese bevorzugte Lage eine bemerkenswerte Auslese der Gäste bewirkt habe und daß vor allem Naturfreunde, Künstler, Gelehrte, höhere Beamte wie überhaupt feinsinnige und gebildete Menschen hierher gekommen seien, um in der weiten, eindrucksvollen Natur ihre Ferien zu verbringen.

24 | Das alte Sylt

Auf Sylt und den anderen Nordfriesischen Inseln lag einst die Feldarbeit allein in den Händen der Frauen, die hierbei lediglich von Knechten, die von Jütland auf die Insel kamen, unterstützt wurden. Die Männer verdienten ihr Brot auf dem Meer und konnten nur gelegentlich ihr Heimateiland besuchen. Sie fuhren als Kapitäne oder Steuermänner und kamen, falls die See sie nicht behielt, erst dann zu ihrer Familie zurück, wenn sie eine gewisse finanzielle Unabhängigkeit erreicht hatten.

Dörfliches Leben in Keitum, im Hintergrund die St.-Severin-Kirche. Keitum war lange Hauptort der Insel. Da er erst spät für den Tourismus entdeckt wurde, hat er seine Schönheit im Ortskern sogar bis heute erhalten können.

Die Seefahrer, die in Keitum wohnten, verdienten auf ihren Reisen viel Geld. Die Friesenhäuser waren deshalb nicht nur wohlgebaut, was dem Dorf ein besonders freundliches Aussehen verlieh, sondern auch hübsch eingerichtet. Im Hintergrund die alte Keitumer Graupenmühle, die bis 1911 stand.

Diese Halmpflanzung in der Weite des Lister Dünengebiets wurde im Rahmen des Eisenbahnbaus zwischen Kampen und List angelegt. Nur unter großen Mühen gelingt es, den Sandflug einigermaßen unter Kontrolle zu bringen. Die große Wanderdüne im Hintergrund hat sich bis heute einer Bepflanzung entzogen und zeigt sich immer noch im gleichen Weiß wie damals.

Das alte Sylt | 27

Wer auf dem Landweg das Listland erreichte, passierte das Lister Tor (oben). Es war aus den Kieferknochen eines im Jahre 1827 angetriebenen Finnwals errichtet worden und stellte eine Art Grenzübergang dar. List war nämlich bis 1864 ein Teil Jütlands und somit des Königreichs Dänemark, während die restliche Insel zum Herzogtum Schleswig gehörte. Seine Einwohner sprachen dänisch, beherrschten aber auch das Sylter Friesisch.

Der Lister Königshafen (unten) war einst für die Schiffahrt von großer Bedeutung. Er hatte genügend Wassertiefe und wurde als Schutzhafen von vielen Schiffen angelaufen. Im Laufe der Jahrhunderte war er jedoch versandet und hatte seine einstige Funktion verloren.

28 | Das alte Sylt

Priele durchziehen Rantuminge (oben), die letzte große Weidefläche, die der Flugsand den Rantumern an der Wattseite gelassen hatte. Im Hintergrund ist das Dorf Rantum zu erkennen, das im Lauf der Jahrhunderte auf einige wenige Häuser zusammengeschmolzen war. Seine Bewohner galten als die Ärmsten der Insel.

Die Rantumer Vogelkoje (unten) führte neben denen in Kampen und Westerland ein eher bescheidenes Dasein. Sie wurde 1881 im Burgtal südlich von Rantum erbaut und in Betrieb genommen. Anfänglich war man mit den Fängen zufrieden. Die Aufnahme des Südbahnverkehrs im Jahre 1901 störte die Entenjagd aber so, daß die Nordsee-Linie sich bereit erklärte, jährlich 500 Mark Entschädigung zu zahlen.
Im Bildvordergrund ist der Fangkanal, in den die Enten gelockt wurden – die sogenannte „Pfeife" –, gut sichtbar. Spuren der Anlage sind heute noch südlich von Rantum an der Straße nach Hörnum zu erkennen.

Mit dem Bau der Anlegebrücke und der Südbahn von Hörnum nach Westerland wurden die Voraussetzungen für die erste direkte Seeverbindung nach Sylt geschaffen. Am Montag, dem 1. Juli 1901, war es soweit: der Salondampfer *Cobra* lief zum ersten Mal Hörnum an. Für die Insel war es ein großes Ereignis, und die neue Verbindung erfreute sich bald großer Beliebtheit.

Die Anreise

In den ersten Jahrzehnten des 19. Jahrhunderts war es noch äußerst beschwerlich, nach Sylt zu gelangen. Nicht ohne Ironie schildert uns der berühmte Inselchronist Christian Peter Hansen, wie ein fiktiver Fremder Ende der dreißiger Jahre die Reise erleben mußte. Die Eisenbahn gab es noch nicht, statt dessen ging es mit der Kutsche auf beschwerlichen Wegen Richtung Norden. Kurz hinter Flensburg änderte sich das bis dahin abwechslungsreiche Landschaftsbild: „Vor ihm dehnte sich jetzt im Norden und Westen eine unabsehbare Heide aus. Es graute ihn vor der langweiligen Fahrt über die Heide, die nunmehr bevorstand. Er dachte: je weiter nach Nordwest, desto rauher und wüster wird die Gegend, desto unfreundlicher und ungebildeter werden die Menschen. Und nun gar eine Insel jenseits dieser trostlosen Einöde, wie möchte da noch eine Spur von Zivilisation, von Schönheit und Wohlbehagen sich finden?"

Nun zwangen aber „besondere Geschäfte" auf Sylt unseren Reisenden, seinen Weg fortzusetzen und die „Mutprobe" der achtstündigen Heidefahrt bis nach Tondern auf sich zu nehmen. Eine weitere lange Stunde dauerte dann noch die Fahrt durch die flache Marschenlandschaft von Hoyer, das bereits am Ende der Welt zu liegen schien, zum Fährhafen Emmerleff. „Er hatte unterdeß auf seiner bisherigen Landreise so viele Entbehrungen gehabt, so viele Uebungen in der Geduld und Sanftmut bestanden, daß er, wenn noch einige solche Uebungen und Entbehrungen auf der bevorstehenden Wasserreise hinzukämen, Aussicht hatte, auf dieser Reise nach Sylt ein vollendeter Stoiker zu werden, wenn er nicht gar auf derselben den Eingang zu einer anderen Welt, etwa zu der Unterwelt, finden würde."

Doch mit der Überfahrt, die wegen widriger Winde bis zu 12 Stunden dauern konnte, waren weitere Strapazen verbunden. Wer seekrank wurde, hatte auch noch den Spott des Fährmanns zu ertragen. Und die Ankunft in Munkmarsch am nächsten Morgen schien ebenfalls wenig vielverprechend. „Es war heller Tag geworden; ringsum sah er zunächst Sand- und Heidehöhen, in einiger Entfernung Dörfer, Kirchen und Ackerfelder. Also nichts Neues; alles schien hier vielmehr mit Moos überzogen oder untermischt, mithin alt und grau zu sein."

Noch war man aber nicht richtig an Land. Es galt noch vom im Wattenmeer liegenden Schiff herunter und ans rettende Ufer zu gelangen. Dazu ließ man sich mitsamt dem Reisegepäck von einem Matrosen auf dem Rücken durch das flache Wasser tragen.

Doch bald darauf konnte der Reisende die einmalige Dünenlandschaft, die über die Jahrhunderte gewachsenen Dörfer und die reetgedeckten Häuser der Insulaner bewundern und nicht zuletzt deren offene und zuvorkommende Art schätzen lernen. Weil dies so war, zog Sylt diejenigen, die Einsamkeit und Erholung suchten, und bald auch die Reichen und Wohlhabenden der damaligen Zeit sowie den Adel und sein Gefolge wie ein Magnet an.

Begleiten wir in den achtziger Jahren einen der damaligen Badegäste mit Familie auf seiner Reise in die Sommerfrische Sylt: Es war später Abend, als Kommerzienrat von Krockow, der sich mit seiner Ehefrau, den zwei halb-

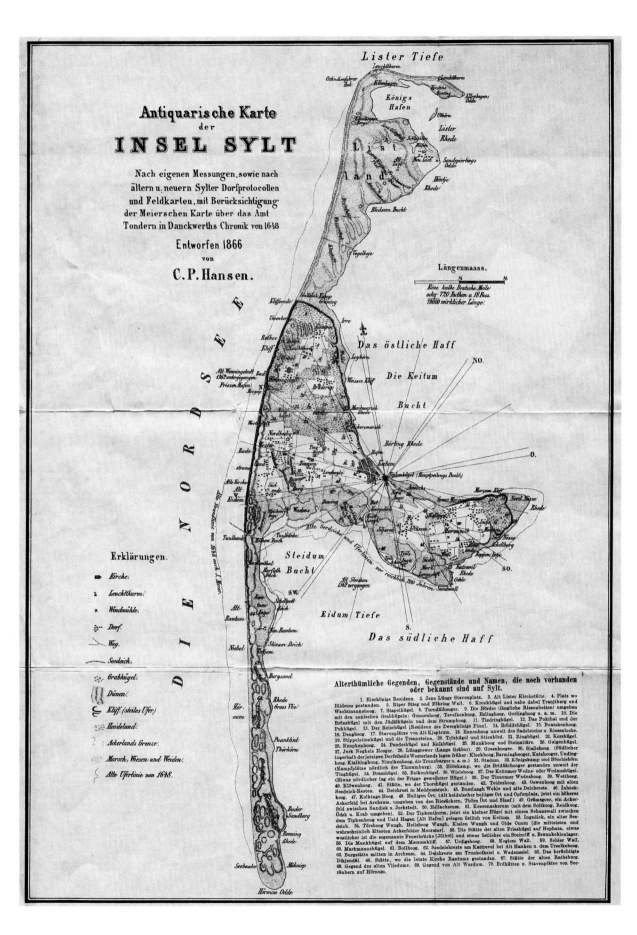

Diese 1866 von Christian Peter Hansen entworfene Karte von Sylt ist wohl die letzte, die noch den ursprünglichen Zustand der Insel vor der einsetzenden Bautätigkeit zeigt.

Die Hoyerschleuse: Sie schützte das flache Hinterland vor Überflutungen und ließ gleichzeitig das Wasser der Wiedau und der Seiersbek in die Nordsee abfließen. Im Vordergrund Pörksens Gastwirtschaft, dahinter der Bahnhof, der mit der Verlegung des Nebengleises von Tondern bis hinter den Deich in den neunziger Jahren erbaut wurde.

wüchsigen Kindern Otto und Hedwig sowie dem Dienstmädchen Hertha auf dem Wege nach Westerland befand, Tondern erreichte. Die lange Bahnfahrt hatte alle ermüdet, und man war froh, sich im „Hotel Stadt Hamburg" beim Hotelier Weber ein wenig „restaurieren" zu können. Die kleine Stadt hatte sich bald auf den Durchgangsverkehr nach Sylt eingestellt und bot erschöpften Reisenden einige recht komfortable Übernachtungsmöglichkeiten. In der Frühe des nächsten Morgens übernahmen dann Pferdekutschen – es waren insgesamt vier – den Weitertransport nach Hoyerschleuse, das ungefähr 14 Kilometer westlich liegt.

Es war ein buntes Bild, wenn die mit reisefrohen Menschen besetzten Kutschen auf holpriger Landstraße durch die einsamen Wiesen rumpelten. Nach rund fünf Kilometern wurde die Kolonne im verträumten Mögeltondern bereits von der Dorfjugend erwartet. Sie umtanzte die Wagen und führte allerlei kleine Kunststückchen wie Handstand und Radschlagen auf, in der Hoffnung, dafür ein paar Groschen zu erhalten. Bei so wohlhabenden Kurgästen wie den von Krockows war diese Hoffnung nicht unbegründet, und so wanderte auch manche Münze in die Taschen der kleinen Akrobaten.

Eine gute Stunde dauerte dann noch die Fahrt bis Hoyer. Über einen sumpfigen Feldweg ging es weiter bis an die Schleuse. Hier mündeten Wiedau und Seiersbek in einen 1799 gegrabenen Kanal, der sich zum Umschlagplatz der Region entwickelt hatte und seither ständig von Frachtschiffen befahren wurde. Die Frachter lagen während des Lösch- und Ladegeschäfts vor Anker und mußten beladen und – wie es in der Seemannssprache heißt – „geleichtert" werden. Der einsetzende Fremdenverkehr aber machte bald den Bau einer Kaianlage erforderlich. Der Gast konnte nun trockenen Fußes über einen Landgang den Dampfer betreten.

Der Gipfel der Bequemlichkeit war im Jahre 1892 erreicht, als ein Nebengleis der Eisenbahn von Tondern über Hoyer bis an die Schleuse verlegt wurde. Nun brauchte der Reisende nur noch sein Gepäck von einem der bereitstehenden Dienstmännern über den Deich auf das Schiff tragen zu lassen.

Allerdings mußte er oft lange und geduldig auf die Abfahrt seines Dampfers warten. Aber Eile und Ungeduld waren unseren Altvorderen noch unbekannt, und lange Wartezeiten regten niemanden auf, wenn sie nur durch etwas Komfort erträglich gemacht wurden. Und darum sorgte sich seit den neunziger Jahren des 19. Jahrhunderts im Bahnhofshotel von Hoyerschleuse, das mit der Fertigstellung der Eisenbahnverbindung entstanden war, der Pächter Adolf Kohn auf das „Zuvorkommendste", wie er von sich selbst behauptete. Während sich die Eltern von ihm verwöhnen ließen, tobten die lieben Kleinen auf dem Deich an der Schleuse mit der Dorfjugend und sahen bald auch entsprechend aus.

Freudig wurde dann der einlaufende Dampfer begrüßt. Welche Abenteuer würde man auf hoher See erleben? Ob wohl der bei Herrn Kohn so zuvorkommend verwöhnte Magen mitspielte? Alles Fragen, die schon ein wenig Herzklopfen verursachen konnten, wenn auch in dem vorsorglich beschafften Badeprospekt über die Reise beruhigend zu lesen war, die Insel Sylt sei in einer zweistündigen Überfahrt bequem zu erreichen. In einer etwas späteren Version von 1898 liest sich das so: „Die Dampfschiffahrt von Hoyerschleuse nach Sylt kann wohl kaum als Seereise angesehen werden, weil das Wattenmeer dem Charakter eines Binnenmeeres ähnelt und fast stets ruhig und spiegelglatt ist, so dass Seekrankheit nur ganz ausnahmsweise vorkommt." Aber dabei konnte es sich ja genausogut um Werbung handeln, um den ahnungslosen Kurgast vor dem Betreten des Schiffs in Sicherheit zu wiegen. Und hatte Herr Kohn nicht so ein seltsames Schmunzeln in den Mundwinkeln gehabt, als man ihn um die Gefährlichkeit der Seefahrt befragt hatte?

Auch unser Kommerzienrat betrat mit leichtem Bangen die Schiffsplanken, bemüht, einen seebefahrenen Eindruck zu machen. Seine Familie, die bisher ihre Ferien traditionsgemäß in Lugano verbracht hatte, wollte zum ersten Mal die See kennenlernen. Frau von Krockow klammerte sich ängstlich an den Arm ihres Mannes, als sie über die Gangway an Bord ging. Sie war es auch gewesen, die den Vorschlag gemacht hatte, es doch einmal mit einem Sylt-Urlaub zu versuchen. Erhoffte sie sich doch eine Linderung ihres rheumatischen Leidens in der Nordseebrandung, wie es die Wester-

Der Postbeamte Dienelt aus Keitum war über viele Jahre im Seepostverkehr zwischen Hoyerschleuse und Munkmarsch eingesetzt. Ihm und seinen Kollegen wurden deshalb von der Sylter Dampfschiffahrts-Gesellschaft Freifahrtscheine mit einjähriger Gültigkeit ausgestellt.

Von 1884 bis 1893 befand sich das Bad Westerland im Privatbesitz von Dr. Julius Pollacsek. Er verstand es, durch geschickte Werbung das Bad bekanntzumachen.

länder Badedirektion in ihren Werbeprospekten versprochen hatte.

Nachdem die erste Scheu überwunden war, drängte man auf die kleinen Dampfschiffe – auf die *Ida* und *Anna* oder auf die *Germania* des Sylter Reeders Sophus Clausen –, um einen guten Platz zu ergattern. Nachdem 1882 die Sylter Dampfschiffahrt Gesellschaft gegründet worden war, verkehrten zuerst die *Sylt*, die *Westerland* und die *Nordsee* und nach der Jahrhundertwende die *Frisia* und die *Freya* zwischen der Insel und dem Festland. Es war eine recht gemischte Gesellschaft, die da brav nebeneinander auf schmalen Bänken an Deck saß: Apotheker, Oberlehrer, gehobene Verwaltungsbeamte, gelegentlich aber auch Hoheiten und Exzellenzen, schließlich eine Reihe Jungfern und alle diejenigen, die sich – wie unser Ehepaar mitsamt den Kindern und dem Dienstmädchen – ein paar Tage Sylt erlauben konnten und die auf Linderung ihrer kleinen und großen Leiden hofften. Gehört hatte man ja schon einiges von der Wunderwirkung des Sylter Klimas und des Badens in der Brandung. Nun wollte man sich selbst davon überzeugen.

Aber erst einmal genoß man die schöne Aussicht, wenn das Fahrzeug qualmend und schnaufend aus dem Kanal heraus das freie Wattenmeer erreicht hatte und dann Kurs Nordwest nahm. Welche Aufregung herrschte an Bord, als am dunstigen Horizont neues Land auftauchte! Gern zeigten sich mitreisende Einheimische oder die Besatzungsmitglieder bereit, das Gesehene zu erklären. Wenn dann der Kurs nach Südwest geändert wurde, war bald das Ende der zweistündigen Seereise durch das Wattenmeer gekommen. Die Mühle auf der Panderhöhe, das Wahrzeichen von Munkmarsch, kam in Sicht. Anfänglich unterschied sich das Bild beim Anlegen von dem in Hoyerschleuse kaum. Eine Reihe Pferdedroschken wartete auch hier, um die Ankommenden über die einsame Heide nach Westerland zu bringen.

Doch mit der Zeit, besonders unter der Leitung des seit 1884 amtierenden Kurdirektors Dr. Pollacsek, bemühte man sich auch auf der Insel um eine schnellere und bequemere Verbindung. Als am 8. Juli 1888 eine Dampfspurbahn die Verbindung von Munkmarsch nach Westerland aufnahm, bedeutete das einen enormen Fortschritt, denn die Reisezeit für die gut vier Kilometer lange Strecke wurde von einer Stunde auf nur zwölf Minuten verkürzt. Familie von Krockow hatte nun das Ziel erreicht, und man konnte sich in aller Ruhe für 14 Tage oder länger in seinem Quartier einrichten.

Für den besonders Mutigen – zu ihnen gehörte allerdings Kommerzienrat von Krockow nicht – gab es aber noch eine schnellere Möglichkeit, die Insel zu erreichen: von Hamburg über die Nordsee. Anfangs war auch dieses Unterfangen noch recht beschwerlich. Bereits in den achtziger Jahren des 19. Jahrhunderts unterhielt die Reederei Morris und Co. mit ihrem Raddampfer *Freia* eine Verbindung nach Wyk auf Föhr. In ihrer Werbung wies die Reederei auf die besonderen Bequemlichkeiten dieses Schiffes hin: Separatkabinen, Salons, Promenadendeck, Restaurationen in allen Räumen und als Nonplusultra elektrisches Licht. Eine Fahrkarte von Cuxhaven über Föhr nach Westerland kostete damals stolze 15 Mark. Für die Weiterbeförderung der Gäste von Wyk nach Munkmarsch sorgten die kleinen Dampfschiffe *Hamburg* und *Nordsee*.

Die Anreise | 35

Fahrkarte der Nordsee-Linie von 1910 (oben).

Nur kurze Zeit fuhr die *Freia* (links) zwischen Hamburg und Wyk auf Föhr, wo man in kleinere Dampfer nach Sylt umsteigen konnte.

Die *Prinzess Elisabeth* fuhr in der Mitte der neunziger Jahre für die Ballinsche Reederei nach Amrum, Föhr und Sylt. Das Schiff wurde für die jeweilige Saison gechartert.

Die Hörnumer Seebäderbrücke im Jahre 1904. Die *Cobra* wird von Hamburg via Helgoland kommend erwartet. Der kleine Dampfer *Sylt* liegt bereit, die weiterreisenden Gäste nach Amrum zu bringen. Erst drei Jahre später wird auf der Düne am linken Bildrand der markante weiß-rote Leuchtturm seinen Betrieb aufnehmen.

Erst 1896 wurde die erste Direktverbindung von Hamburg nach Sylt eingerichtet. Nun fuhren die Dampfer *Prinzessin Heinrich* und *Prinzess Elisabeth* der Ballinschen Dampfschiffs-Rhederei ab Hamburg via Helgoland durchs Lister Tief bis in das Watt vor Munkmarsch. Während bei ruhigem Wetter die Fahrt mit diesen Raddampfern ein Erlebnis war, konnte schon bei mäßigen Windstärken die Überfahrt für unerfahrene Landratten leidensvoll sein. Dann begann man bereits hinter Cuxhaven, gemeinsam und gründlich Neptun zu opfern. Hinzu kam, daß insbesondere die *Prinzessin Heinrich* so instabil war, daß der Volksmund sie „Schaukelprinzessin" oder auch „Selbstentlader" nannte. Die Besatzung achtete deshalb beim Anlegen immer besorgt darauf, daß sich die Passagiere nicht alle auf einer Seite über die Reling beugten. Das Schiff konnte dann nämlich eine solche Schlagseite bekommen, daß die Fahrgäste an Deck ins Rutschen kamen.

Angekommen im Sylter Watt, ankerte man im Pander Tief bei List, wo die Passagiere in Schiffe der Sylter Dampfschiffahrt Gesellschaft umgebootet wurden, wie es heute noch auf der Helgoländer Reede geschieht. Auf Dauer aber konnte auch diese Verbindung nicht befriedigen: die Fahrt durch das Lister Tief um den Ellenbogen herum verlängerte die Fahrzeit um Stunden. Außerdem wollte man den Gästen das umständliche Umsteigen nicht weiter zumuten. So lesen wir, daß im Juni des Jahres 1899 der Direktor der Nordsee-Linie auf Sylt gewesen sei, um eine Anlegemöglichkeit für seine Dampfer zu suchen. Er fand sie im Blank Dälke auf der Südspitze der Halbinsel Hörnum. Zwei Jahre später schon wurden hier eine 153 Meter lange Anlegebrücke und die Sylter Südbahn mit der Linie von Hörnum nach Westerland in Betrieb genommen.

Es war für die Insel ein großes Ereignis, als am 1. Juli 1901 der Salondampfer *Cobra* zum ersten Mal Sylt direkt anlief und an der Hörnumer Seebäderbrücke festmachte. Hier konnte man nun bequem und trockenen Fußes in die bereitstehende Südbahn umsteigen, die jetzt gemütlich schnaufend die staunenden Gäste durch die endlose Einsamkeit der Hörnumer Dünenwelt nach Westerland brachte. Am neuen Südbahnhof wurden sie zur Feier des Tages mit Musik und Ansprachen empfangen.

Für die Reisenden mit dem Ziel Amrum lag ab jetzt ständig der kleine Dampfer *Sylt*, der einst die Gäste von Hoyer nach Munkmarsch befördert hatte, an der Hörnumer Brücke bereit.

Die neue Seeverbindung Hamburg–Helgoland–Hörnum erfreute sich sofort großer Beliebtheit, bot sie doch das Abenteuer einer Seereise. Bereits im ersten Jahr nahmen in der kurzen Zeit vom 1. Juli bis zum 30. September 1901 über 14 800 Personen ihren Weg nach Westerland über Hörnum. Als dann der im Jahre 1905 fertiggestellte Doppel-Schrauben-Turbinendampfer *Kaiser* im Sylt-Verkehr eingesetzt wurde, verkürzte sich die Fahrzeit um weitere anderthalb Stunden. Das Schiff erreichte eine Geschwindigkeit von 20 Seemeilen pro Stunde und konnte 2000 Passagiere befördern.

Die Fahrzeit von Hamburg nach Hörnum betrug nun – einschließlich einer Verweildauer von 30 Minuten auf

der Helgoländer Reede – neun Stunden.

Im selben Jahr, dem 50. Jubiläumsjahr des Seebades Westerland, erhielt auch die Linie Hoyerschleuse–Munkmarsch einen weiteren modernen Dampfer, die *Freya*. Zusammen mit der *Frisia* verfügte die Reederei nun über zwei den Ansprüchen der Zeit gerecht werdende Schiffe. Gleichzeitig wurden die Anleger in Munkmarsch und Hoyerschleuse modernisiert.

Zwei besondere Ereignisse brachte das Jahr 1905 für Westerland: Die bisherige Landgemeinde wurde Stadt, und das Bad feierte sein 50jähriges Jubiläum.

Für den Verkehr zwischen Helgoland und Sylt gab die Nordsee-Linie 1905 bei der Vulcan-Werft in Stettin einen Neubau in Auftrag, die *Kaiser*. Es war das erste Turbinenschiff der deutschen Zivilschiffahrt. Mit einer Maschinenleistung von 3 000 PS erreichte es eine Geschwindigkeit von 16 Knoten und konnte 1950 Passagiere befördern.

Wie Tondern erfuhr auch die bis dahin abgelegene Ortschaft Hoyer durch den einsetzenden Fremdenverkehr einen wirtschaftlichen Aufschwung. Mit ihren rund 1000 Einwohnern verfügte sie anfänglich nur über einige kleine Wirtshäuser, stellte sich aber schnell auf die Fernreisenden ein. Neben dem Bahnhofsrestaurant und Pörksens Gastwirtschaft, die unmittelbar an der Schleuse lagen, entstanden im Ort selbst das „Hotel Sylt", das „Hotel Stadt Tondern" und das „Bahnhofshotel".

Ein Blick von der Hoyerschleuse über den Hafen bis ins Watt. Während links ein beladener Frachtsegler auf günstigen Wind hofft, liegen die Dampfer der Sylter Dampfschiffahrts-Gesellschaft an der Pier und warten auf die Fahrgäste, um sie sicher durch die Wattströme nach Munkmarsch zu bringen.

Die Anreise | 39

Im Sommer befand sich auf der *Freya* sogar eine Poststelle mit einem eigenen Seepoststempel, dem ersten für ein Fährschiff überhaupt. Das soll am Wohlwollen des damaligen Generalpostmeisters Heinrich von Stephan gelegen haben, der von 1874 bis 1896 regelmäßig als Kurgast auf Sylt weilte.

Die Gäste sind in Hoyerschleuse angekommen und gehen an Bord der *Frisia*. Neben der *Freya* war sie das modernste Schiff der Sylter Dampfschifffahrts-Gesellschaft. 1900 erbaut, konnte sie 470 Passagiere befördern und brachte es auf eine Geschwindigkeit von zehn Knoten. Beide Schiffe waren bis zur Inbetriebnahme des Hindenburgdamms am 1. Juni 1927 im Einsatz und haben sogar danach noch viele Jahre auf der Ostsee ihren Dienst getan.

Die Anreise | 41

Das tägliche Ereignis in Munkmarsch: Der kleine Raddampfer *Sylt* legt an. Während anfänglich Pferdedroschken die Reisenden weiterbeförderten, übernahm das ab 1888 die erste Schmalspurbahn auf Sylt. Für die 4,2 km lange Strecke von Munkmarsch bis Westerland benötigte man jetzt nur noch zwölf Minuten.

Die *Frisia* hat am Anleger in Munkmarsch festgemacht, die Gäste steigen in die wartende Inselbahn um.
Diese Linie der Dampfspurbahn wurde 1888 in Betrieb genommen. Erstmals wurde auf Sylt moderne Technik eingesetzt, um den Ansprüchen der Besucher zu genügen. Allerdings gab es diesen Luxus aus Kostengründen nur in den Sommermonaten. Im Winter verzichtete man auf den Dampfbetrieb; dann zog ein Pferd einen kleinen Straßenbahnwaggon von Westerland nach Munkmarsch und zurück.

Die Anreise | 43

An Bord der *Westerland*. Zusammen mit der *Sylt* war sie das erste Schiff der 1882 gegründeten Sylter Dampfschiffahrts-Gesellschaft. Während später andere Dampfer in erster Linie für den Güterverkehr eingesetzt wurden, mußten sich die Fahrgäste auf der *Westerland* und der *Sylt* das enge Deck mit Frachtstücken teilen. Sogar Vieh wurde gelegentlich transportiert.

Stolz nannte die Sylter Dampfschiffahrts-Gesellschaft ihre *Freya* einen Salondampfer, bot sie doch ihren Passagieren bestmöglichen Komfort. Der Service an Bord soll ausgezeichnet gewesen sein, die zweistündige Fahrt über das Watt ein Vergnügen. Geführt wurde die *Freya* von Kapitän Christiansen, einem welterfahrenen Seebären, der auf Sylt als Original galt. In Westerland wurde eine Straße nach ihm benannt.

Der Ort Munkmarsch: nicht mehr als eine Handvoll Häuser auf karger Heide. Seit 1865 war hier der Anlaufhafen der Insel, nachdem der Keitumer Hafen wegen Verschlickung aufgegeben werden mußte.

Die Anreise | 45

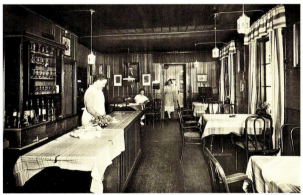

Ein Blick in den Gastraum des „Hotels Munkmarsch". Die Inneneinrichtung ist vom Beginn des Betriebs bis zum Zweiten Weltkrieg nicht verändert worden. Hier konnten sich nicht nur die Kurgäste verpflegen; auch die Küstenschiffer, die mit ihren Frachtseglern regelmäßig den Hafen anliefen, hatten im Hotel ihren Stammtisch. In dem Gebäude befand sich außerdem ein Warteraum der Kleinbahn.

Für den Besucher war dies einer der ersten Eindrücke von der Insel Sylt. Munkmarsch wirkte etwas kühl und einsam, nur die hübsche alte Graupenmühle auf der Pander-Höhe stimmte versöhnlich. Im Hafen vermischten sich Heideduft und Schlickgeruch, die Stille wurde nur gelegentlich vom Schnaufen der Dampfmaschinen und vom Schaufeln der Antriebsräder unterbrochen. Reisenden und Wanderern bot das „Hotel Munkmarsch" (Mitte) immer eine angenehme Möglichkeit zur Rast.

Die Anreise | 47

Bis 1927, als der Hindenburgdamm in Betrieb genommen wurde, war Munkmarsch der Verbindungshafen zum Festland. Hier machten nicht nur die Fährdampfer, sondern auch die Frachtschiffe, die Sylt mit allem Erforderlichen versorgten, fest. Rechts das einst so beliebte „Hotel Munkmarsch". Nach 1927 wurde die Ostbahn stillgelegt und der Schiffsverkehr zwischen Hoyerschleuse und Munkmarsch eingestellt. In dem kleinen Inselhafen und im Hotel kehrte wieder Ruhe ein.

Gesamtansicht Hörnums aus der Anfangszeit der Südverbindung. Der Bahnhof ist im Entstehen. Er blieb in den ersten Jahren das einzige Gebäude. Während bis zum Bau der Seebäderbrücke die gesamte südliche Halbinsel Sylts Hörnum genannt wurde, ging der Name später auf den hier entstehenden Ort über. Um die Sicherheit in den Küstengewässern zu erhöhen, nahm im Jahre 1907 der Hörnumer Leuchtturm seinen Betrieb auf. Das Wohnhaus für den Wärter wurde das zweite Gebäude im Ort. Nur dieses Haus und der Leuchtturm haben die Zeiten überdauert.

Mit dem Bau der Hörnumer Brücke wurde die Seeverbindung nach Sylt erheblich bequemer. Den Reisenden blieb der Umweg über Wyk auf Föhr oder Wittdün auf Amrum erspart. Nun waren es die Gäste mit dem Ziel Föhr oder Amrum, die in Hörnum auf den kleinen Dampfer *Sylt* umsteigen mußten. Da sich die Abfahrts- und Ankunftszeiten wegen der Gezeiten ständig änderten, legte die Reederei auf ihren Schiffen und Bahnhöfen Fahrpläne aus.

Auch vor dem Bau der Hörnumer Brücke war es möglich – wenn auch beschwerlich –, Sylt über die offene See zu erreichen. 1889 erwarb Albert Ballin von der Hamburger Werft Blohm + Voss den Raddampfer *Freia* und ließ ihn von Hamburg bis nach Wyk auf Föhr laufen, wo die Passagiere mit dem Ziel Sylt auf kleinere Dampfer umstiegen, die sie bis nach Munkmarsch brachten. Bereits im nächsten Jahr setzte die Reederei das Schiff auf der Ostsee ein, wo es bis 1930 seinen Dienst tat.

Die Jungfernfahrt der Südbahn von Westerland nach Hörnum und zurück fand bereits zwei Tage vor dem Eintreffen des ersten Seebäderschiffs statt. Es muß für die auswärtigen Gäste ein Erlebnis gewesen sein: Die meisten sahen die wildromantische Dünenwelt der Südhalbinsel sicher zum ersten Mal. Fast eine Stunde dauerte es, bis die kleine Bahn wieder schnaufend in den neu erbauten Südbahnhof in Westerland einlief.

Die Anreise | 51

Der Bahnhof in Hörnum (oben): Weil die Behörden wegen Sicherheitsbedenken ein Umsteigen direkt auf der Brücke nicht genehmigten, ging man zu Fuß 200 Meter bis zum Bahnhof, wo die fabrikneue Südbahn aufnahmebereit auf die Fahrgäste wartete.

Es war für die Stadt ein großes Ereignis, als der erste Zug in den Westerländer Südbahnhof (unten) einlief. Mit der Nordseelinie kamen bald Scharen Reiselustiger und Erholungsbedürftiger nach Westerland. Während die vorangegangenen Jahre einen verhältnismäßig geringen Zuwachs an Urlaubern gebracht hatten, sollen in der kurzen Zeit vom 1. Juli bis 30. September 1901 über 14 800 Personen über Hörnum angereist sein.

Als Gast in Westerland

Westerland hatte in den fünfziger und sechziger Jahren des 19. Jahrhunderts, als der Badebetrieb begann, dem Urlauber außer frischer Nordseeluft und -natur nur sehr wenig zu bieten. Sylt galt damals noch als „Geheimtip". Wer die Insel besuchte, war darauf gefaßt, einfach zu logieren und die Mahlzeiten gemeinsam mit seinen einheimischen Wirtsleuten einzunehmen. Dafür erwarteten den Gast eine einmalige Dünenlandschaft, ein gesundes und heilendes Klima und den „Fremden" freundlich und aufgeschlossen entgegentretende Friesen.

Andererseits weiß der Inselchronist Christian Peter Hansen schon 1855 zu berichten, daß die Ansprüche mit zunehmender Urlauberzahl schnell stiegen: „Alle rühmen die Naturmerkwürdigkeiten, die erfrischende und stärkende Luft und vor allem die heilende Kraft des gewaltigen Meeres an der Westküste der Insel. Aber die meisten beklagen es auch, daß die Beförderungsmittel von und nach der Insel, sowie die Anstalten zur Aufnahme,

> **Das Nordseebad Westerland auf der** Insel Sylt, Herzogthum Schleswig, wird am 1. Juli eröffnet. Man reist über Husum mit Eisenbahn und Dampfschiff. Nähere Auskunft ertheilt
> 12113 für die Direktion W. M. Decker.

Bewirtung und Bequemlichkeit zahlreicher Badegäste, namentlich wirklich leidender, bisher so unvollkommen geblieben sind."

Hansen war sich aber auch der Schattenseiten, die der Fremdenverkehr für die stille, abgeschlossene Inselwelt mit sich bringen mußte, wohl bewußt: „Nun, die Sylter sehen es im allgemeinen als ein zweifelhaftes Glück an, wenn ihre Insel als Badeort einst berühmt würde... Übrigens sind die Einwohner in der Regel freundlich und selbst zuvorkommend gegen Fremde, namentlich gegen wirklich gebildete, die nicht gar zu große Ansprüche machen." Die „Anmaßungen gewöhnlicher, vergnügungssüchtiger Reisender, bartloser Jünglinge und eitler Damen, ... vornehmlich alle hochmütige Verachtung und Verspottung ihrer Nationalität und Eigentümlichkeiten" nahmen die Insulaner – dem Schriftsteller zufolge – jedoch oft übel.

Einige teilten sicher seine Skepsis; andere sahen in der Einrichtung eines den damaligen Ansprüchen genügenden, komfortablen Seebads nach dem Vorbild von Wyk auf Föhr oder Norderney ein Zeichen der Zeit.

Als das Bad gegründet wurde, befand sich der Ortskern von Westerland noch weiter östlich als heute, nämlich um die alte Kirche herum, an der Südhedig. Weil es Hotels oder Gasthäuser nicht gab, bezog der Gast in den sauberen, aber meist engen Kammern und Stuben der Einheimischen Quartier. Die Wirtsleute bemühten sich nach Kräften, den Aufenthalt in ihren Häuser so angenehm wie möglich zu gestalten. In einem Badeprospekt von 1877 wurde damit unumwunden geworben: „Die Einwohner der Insel, aus dem biedern und gastfreien Stamme der Nordfriesen, kommen dem Fremden freundlich entgegen und sind höchst dienstwillig, oft ohne ein Entgelt anzunehmen."

Die ersten Gäste waren wohl auch mit dem einfachen Angebot zufrieden, denn viele kamen im nächsten oder in den darauffolgenden Jahren wieder. Selbst die Bescheidenheit der sanitären Gegebenheiten störte sie offen-

In den Anfängen des Badebetriebes mußte Westerland erst einmal seinen Platz als Nordseebad finden, gab es doch bereits gewichtige Konkurrenten wie Helgoland, Wyk auf Föhr und die Ostfriesischen Inseln. Vor Beginn der Saison machte man deshalb in allen größeren Zeitungen Deutschlands auf sich aufmerksam.

sichtlich nicht. Mit der Körperhygiene war es damals – zumindest aus heutiger Sicht – ohnehin nicht weit her. In dem 1866 in der Nähe der Dünen erbauten Warmbadehaus zahlte man für die einmal pro Woche vorgenommene gründliche Körperreinigung 1,50 Mark. Ließ man sich darüber hinaus von Herrn oder Frau Tychsen abschrubben, kostete das zusätzlich 60 Pfennige.

Für die Wäsche war Frau Lehmkuhl zuständig. Für das Waschen und Bügeln eines Oberhemds verlangte sie 30 Pfennige, für das Reinigen und Bügeln eines Kleids mußte eine Mark entrichtet werden.

1859 hatte Julius Rodenberg das Badeleben noch als „höchst monoton" dargestellt: „Keine Musik, kein Tanz, keine Gesellschaft. Fast jede Bequemlichkeit, an die uns das Leben gewöhnt hat, hört hier auf." Nur elf Jahre später ist der Mythos Sylt schon lebendig. Ihn faßte seinerzeit der Essayist Boy P. Möller in dem Büchlein *Meerumrauscht – Sylter Bilder und Silhouetten* in folgende Worte: „Das Nordseebad Westerland auf Sylt hat sich in den letzten Jahren einen nicht unbedeutenden Ruf erworben und das mit Recht. Nirgends an den deutschen Küsten entwickelt die Nordsee eine so imposante Machtfülle, und nur an wenigen Stellen üben Luft und Wasser eine so heilkräftige Wirkung als eben hier. Auch die Insel selbst ist ein gar seltsames und interessantes Ländchen; interessant freilich nur für den sinnigen Naturfreund, der sich dem Zauber einer wildromantischen und poesievollen Natur-Szenerie hinzugeben vermag."

Ein Hellseher freilich war auch er nicht. Noch aber war Sylt kein Modebad. Und das sollte es, so jedenfalls die einhellige Meinung der Einheimischen, auch niemals werden. Die „fashionable Welt" würde sich auf der unwirtlichen Insel – da war man sich sicher – „entsetzlich ennuyieren", und viele würden meinen, zu einer „unwillkommenen Robinsonade verurteilt worden zu sein".

Die ganz großen Namen fuhren allerdings nach wie vor nach Baden-Baden, Bad Ems, Karlsbad oder Monaco. Dort gab Anmehmlichkeiten, die Sylt damals noch nicht zu bieten hatte: eine Spielbank, eine Kurpromenade mit angeschlossenem Kurpark und die

entsprechenden mehr oder weniger „heilsamen" Trinkhallen mit den von berühmten Ärzten empfohlenen Kuren. In diesen Bädern trafen sich Kaiser und Könige und was sonst noch in der großen weiten Welt einen Namen hatte.

Doch Westerland hatte bereits begonnen, sich auf die Erfordernisse der Zeit einzustellen. Der Wandel vollzog sich zwar langsam und war nur für Kenner des Ortes nachvollziehbar. Längst aber waren die Weichen in Richtung einer europaweit beachteten Erholungslandschaft gestellt.

Das Angebot wurde vielfältiger, die Preise stiegen, als kapitalkräftige Fremde auf die Insel kamen. Grundstück für Grundstück ging in ihren Besitz über, und eine rege Bautätigkeit

Ein Blick aus der oberen Dachluke der Westerländer Mühle auf die Südhedig, den alten Ortskern, in den neunziger Jahren. Im Hintergrund beginnt sich bereits die heutige Stadtsilhouette abzuzeichnen.

setzte ein. Schon in den fünfziger Jahren des 19. Jahrhunderts entstanden in Westerland mehr Neubauten als in der gesamten Jahrhunderthälfte zuvor. Auch das erste Hotel, die 1858 eingeweihte „Dünenhalle" mit Restaurationsbetrieb, wurde nicht von einem Sylter, sondern von dem aus Kappeln an der Schlei stammenden Peter Karsten Steffensen errichtet.

Westerland verlagerte seinen Ortskern immer weiter nach Westen, in Strandnähe. Entlang einsamer Wagenspuren entstanden Hotels und Pensionen, die mit ihrer Ausstattung und ihren Angeboten denen an der damals schon mondänen Côte d'Azur in nichts nachstanden und die den einfachen Quartieren der Insulaner allmählich die Gäste abnahmen. Zu den bekanntesten zählte das noble „Hotel zum Deutschen Kaiser" aus dem Jahre 1874, das zusammen mit dem „Hotel Victoria" „... die Einfahrt in den Badeort Westerland flankierte", wie es der im Sommer 1885 in Westerland praktizierende Badearzt Dr. Marcus beschrieb.

Diese Reklame aus einem Bäderführer zeigt das Logierhaus des „Hotels Stadt Hamburg" in der Norderstraße.

Weitere vornehme Quartiere waren das „Hotel Royal", das „Hotel Hohenzollern" in der späteren Friedrichstraße – im Jahre 1888 erhielten die Straßen in Westerland ihre Namen – und das gegenüber, am einstigen Katzhügel erbaute „Hotel Christianenhöhe". Bis heute besteht das „Hotel Stadt Hamburg", das ebenfalls aus jenen Jahren stammt.

Schon 1877 war das Bettenangebot verhältnismäßig groß. Rund 150 Häuser verfügten über mindestens zwei und einige Hotels sogar über bis zu 20 Fremdenzimmer. Restaurants sorgten sich nun um das leibliche Wohl der Gäste, die bis dahin an den Tischen ihrer friesischen Vermieter mit der einfachen Hausmannskost vorlieb genommen hatten. Daneben entstanden in bester Lage auch Privatbauten wie die Villa Baur-Breitenfeld am Übergang der Strandstraße in die Dünen. Sie diente einem bayerischen Baron als Wohnsitz.

Da allmählich eine Anpassung an die Bedürfnisse und Wünsche des Gastes erfolgte, besuchte neben den wirklich Erholungsuchenden und den Naturfreunden alles, was Rang und Namen hatte, die hoch im Norden gelegene, einsame Insel im Meer.

Bereits auf der „Fremdenliste" von 1871 finden sich neben Gelehrten, Künstlern und Bühnengrößen auch Angehörige des Hochadels, wie die Prinzen Friedrich Karl von Preußen und Julius von Glücksburg.

Aus dem Jahre 1876 weiß man zu erzählen, daß sich Prinz Friedrich Karl von Preußen erneut angesagt hatte. Als ihm zugetragen wurde, daß auch Kronprinz Friedrich Wilhelm, der spätere Kaiser Friedrich, Westerland besuchen wolle, zog er seine Anmeldung zurück. Die Nummer zwei wollte er

Als Gast in Westerland

Ein Bild aus der Pionierzeit des Bades: Aus Brettern zusammengeklopfte Souvenirbuden säumten dicht an dicht den Dünenübergang an der heutigen Strandstraße. In ihnen verkauften pfiffige Geschäftsleute alles, was Insel und See zu bieten hatten: vom Muschelkästchen bis zur ausgestopften Möwe und – nicht zu vergessen – die eben erst erfundene Ansichtskarte.

Auf Sylt weht oft eine frische Brise. Entsprechend gekleidet genießen die Gäste den Ausblick aufs Meer. Auch auf das morgendliche Kurkonzert will man natürlich nicht verzichten.

nicht spielen. Weil aber der Kronprinz seinerseits von den Reiseplänen des anderen erfahren hatte, blieb er ebenfalls weg.

Ein weiteres vielbeachtetes Ereignis war der Besuch der rumänischen Königin Elisabeth im Jahre 1888. Die Königin, eine deutsche Prinzessin, die unter dem Pseudonym Carmen Sylva Erzählungen und Gedichte verfaßte, war mit achtköpfigem Gefolge angereist und fühlte sich, wenn man den Berichten und ihren eigenen Äußerungen Glauben schenken darf, auf der Insel äußerst wohl.

Familie von Krockow wußte sich also in bester Gesellschaft und brauchte während des Urlaubs nicht auf allzu viele Annehmlichkeiten zu verzichten. Nach reiflicher Überlegung hatte man sich für das vornehme „Hotel zum Deutschen Kaiser" entschieden.

Langeweile kam keine auf, auch wenn man zunächst nicht zum Baden an den Strand ging – schließlich empfahl der Bäderführer, das erste Seebad „in der Regel nicht vor dem dritten Tage der Ankunft" und „in der ersten Woche nicht mehr als drei Bäder" zu nehmen.

Das Unterhaltungs- und Vergnügungsangebot war in den letzten Jahren immer reichhaltiger und attraktiver geworden, so daß es auch für Städter genügend Abwechslung bot. So „concertirte" die Kurkapelle unter ihrem Königlichen Musikdirigenten Theubert täglich zweimal am Strande; diese gesellschaftlich wichtigen Veranstaltungen ließen sich vornehme Ehepaare wie die von Krockows natürlich nur selten entgehen.

Nachdem man die Kinder einmal zum Konzert mitgenommen hatte, entschied man sich allerdings in Zukunft dafür, das Dienstmädchen Hertha mit Otto an den Strand zu schicken, wo der Junge sicher mehr Spaß hatte. Während jeder Saison fanden außerdem Künstlerkonzerte und Kinderfeste statt. Ein Höhepunkt für das Ehepaar von Krockow war die von der Seebadedirektion allwöchentlich im Kurhaus veranstaltete „Tanzvereinigung".

Aber nicht nur wohlhabende Erholungsuchende sollten das heilkräftige Seeklima auf Sylt nutzen. Man war auch bestrebt, ärmeren Bevölkerungsschichten den Besuch der Insel zu ermöglichen. Eine Reihe von Erholungsstätten entstand. Es waren in erster Linie kranke und bedürftige Kinder, denen karitative Vereine die Möglichkeit der Regeneration bieten wollten. Im Jahre 1887 erhielt das *Sylter Lokalkomitee des Vereins für Kinderheilstätten an der deutschen Nordseeküste* großzügig von der Gemeinde Westerland ein Grundstück unmittelbar hinter den Dünen geschenkt, auf dem im selben Jahr der Grundstein für die Kinderheilstätte „Bethesda" gelegt wurde. Am 3. Juli 1890 fand die Einweihung statt. Auch in den folgenden Jahren sorgte sich die Gemeinde um das Wohl des Heimes und seiner Bewohner. Wohltätigkeitsveranstaltungen für die Kinderheilstätte wurden ständige Einrichtung des Kurprogramms.

Die Kurkapelle gab täglich zwei Konzerte auf der Kurpromenade. Ihre Mitglieder spielten für eine zusätzliche Gage abends in kleineren Besetzungen in den verschiedenen Lokalitäten.

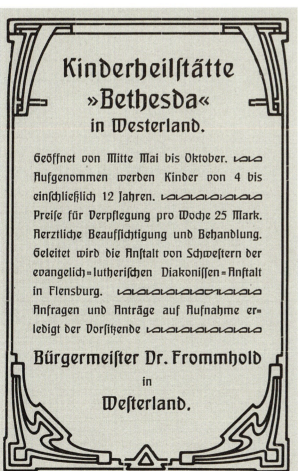

Generationen von erholungsbedürftigen Kindern wurden im „Bethesda" liebevoll betreut. Die Stadt Westerland und viele private Spender sorgten dafür, daß Kinder aus ärmeren Familien in der Heilstätte Aufnahme fanden.

Als Gast in Westerland

Als 1855 in Westerland der reguläre Badebetrieb aufgenommen wurde, zählte der Ort nicht mehr als 466 Einwohner. Das Dorf setzte sich aus mehreren verstreut liegenden Häusergruppen zusammen, die Hedigen und Enden genannt wurden. Die Südhedig, der Siedlungsteil um die alte Dorfkirche, bildete den Ortskern. Hier fand auch die Mehrheit der ersten Sommergäste in Privathäusern bei Vollpension Unterkunft. Ein Restaurant gab es in den ersten Jahren noch nicht.

Obwohl die am Wester- und Süderende Wohnenden überwiegend von der Landwirtschaft lebten, nahmen sie auch gern Sommergäste auf. In den recht geräumigen Häusern gab es immer eine leerstehende Kammer, die zum Vermieten hergerichtet werden konnte.

Als Gast in Westerland | 59

An der alten Dorfstraße in Westerland: Obwohl die Gebäude noch stehen, wird die Ansicht im jetzigen Stadtbild kaum wiederzuerkennen sein. Der heutige Bundiswung folgt dem Verlauf des Sandwegs (hier von Westen gesehen). Übrigens blieb der Süden Westerlands bis nach dem Zweiten Weltkrieg von einschneidenden Baumaßnahmen verschont.

Dieses Gehöft war einst das letzte am alten Westerende des Ortes Westerland, dem heutigen Fischerweg. Und es steht noch immer. Mittlerweile ist es vollständig von den Neubauten der Stadt eingekreist. In meinen Erinnerungen nimmt es einen besonderen Platz ein. Ein Kindheitsfreund wohnte dort, und viele Stunden habe ich bei ihm verbracht.

Als Gast in Westerland

Ansicht der Strandhallen von Süden. Es ist kaum zu erkennen, daß es sich im Vordergrund um den Strandübergang an der heutigen Friedrichstraße handelt. Im Hintergrund auf der Düne die in den achtziger Jahren erbaute „Villa Breitenfeld", die dort bis 1919 stand. Sie war damals das wohl am häufigsten fotografierte Haus in Westerland.

Nicht nur die Zahl der Kurgäste nahm bald rapide zu, sondern auch die Bevölkerung. Der Kleinkrämer konnte den Warenbedarf des expandierenden Ortes nicht mehr decken. Warenhäuser mit reichhaltigem Sortiment waren nun gefragt. In der Maybachstraße entstand das Kaufhaus von Thiesen & Brodersen. Heute steht hier das Gebäude der Sparkasse Nordfriesland.

Als Gast in Westerland | 61

Die Entwicklung des Bades ging unaufhaltsam und mit schnellen Schritten voran. Hotels und Restaurationsbetriebe entstanden buchstäblich über Nacht. Neben dem „Hotel Royal" wurde 1888 ein neues Warmbadehaus errichtet, das durch eine Pipeline direkt mit der Nordsee verbunden war.

Nicht weit von Thiesen & Brodersen entfernt, in der Maybachstraße, Ecke Friedrichstraße, etablierte sich das Kaufhaus von H. B. Jensen, im Volksmund nur „Habe" genannt. Bereits 1855 in der alten Osthedig als Kolonialwarenladen gegründet, nahm es 1907 im neuen Zentrum des Ortes Platz, und zwar genau dort, wo einst das 1890 abgebrannte Strandhotel gestanden hatte. Es ist bis heute führendes Kaufhaus in Westerland geblieben. Seine hübsche Fassade verlor es leider durch den Umbau von 1978. Welcher Sylter erinnert sich nicht an die Weihnachtsausstellungen, die seine freundlichen Besitzer jedes Jahr für Generationen von Kindern veranstalteten?

Ein Blick auf die Strandstraße um 1890: noch nicht viel mehr als ein Sandweg, an dem sich die Souvenirbuden aneinanderreihen. Obwohl alles ziemlich bunt zusammengewürfelt und stillos erscheint, hat diese liebenswürdige Bauweise nie dem Auge wehgetan, sondern dem Betrachter höchstens ein wohlwollendes Lächeln entlockt. Das kann man von den späteren Bauten nicht immer behaupten.

Als Gast in Westerland | 63

Auch auf diesem Bild ist der Verlauf der Strandstraße zu erkennen. Angemessen gekleidet, der Herr gesittet im dunklen Kalikoanzug, die Dame in schwarztaftenem Kleid, begab man sich an den Strand (oben).

Am Konversationshaus endete die Strandstraße (unten). Von 1872 bis 1893 hatte sich das Bad in Privatbesitz befunden. Einer der Besitzer, F. A. Haberhauffe, hatte 1878 das Kur- und Konversationshaus im schwedischen Holzbaustil errichten lassen. Am 12. September 1893 wurde es ein Raub der Flammen. An seiner Stelle baute die Stadt später das heutige Rathaus, das anfänglich als Kurhaus diente. Mit Ausnahme des „Hotels Stadt Hamburg", vorne links, sind alle Gebäude verschwunden.

1874 entstand dem Strandhotel gegenüber das Hotel „Zum deutschen Kaiser". Es war für damalige Verhältnisse recht großzügig eingerichtet. Die Kaiserhalle des Hotels war tagsüber Restaurationsbetrieb, abends konnte hier bei Weinzwang das Tanzbein geschwungen werden.

Als Gast in Westerland | 65

Hotelreklame aus dem Bäderführer des Jahres 1900. Nach dem Ersten Weltkrieg war es allerdings mit dem Glanz dieses Hotels vorbei. Es wechselte den Besitzer und erhielt den Namen „Haus Wiesbaden". 1967 machte ihm dann die Spitzhacke den Garaus.

Jürgen Bock, der erste Inhaber des Hotels „Zum deutschen Kaiser", konnte es nicht halten, und so wurde es bereits 1878 zwangsversteigert. Der nächste Eigentümer wurde Adam Hast. Er baute neu und erweiterte ständig, bis die Anlage neben dem Hotel und einer Restaurationshalle am Strand noch drei Logierhäuser mit insgesamt 131 Zimmern umfaßte.

Zu jeder „Table d'hôte" lagen Speisekarten in Form von Postkarten aus, die der Gast anschließend an seine Lieben sandte.

Nicht irgendein Monarch gab der Friedrichstraße ihren Namen, sondern die Westerländer Friedrich Wünschmann und Friedrich Erichsen. Sie hatten für den Straßenausbau Boden unentgeltlich zur Verfügung gestellt. Die Straße endet auf diesem um 1900 aufgenommenen Foto am Hotel „Zum deutschen Kaiser".

Es wurde als ein Werk der Nächstenliebe bezeichnet, als am 3. Juli 1890 das Kinderheim „Bethesda" unmittelbar hinter den Dünen in der Schützenstraße eingeweiht wurde. Es diente als Erholungsheim für bedürftige Kinder. Die Stadt hatte großzügig Grund und Boden geschenkt.

Als Gast in Westerland | 67

Diese Aufnahme vom Ende des 19. Jahrhunderts zeigt eine der ersten wohlbehüteten Mädchengruppen in der Kinderheilstätte „Bethesda".

Dieser Blick auf Westerland bot sich dem Kurgast in den neunziger Jahren vom Strandübergang der heutigen Brandenburger Straße. Hier verlief der Weg zum Herrenbadestrand.

Als Gast in Westerland

Ein Blick vom heutigen Strandübergang Brandenburger Straße in Richtung Süden (oben). Es ist noch die Zeit der hölzernen Strandhallen. Wuchtig thront die 1881 erbaute „Villa Breitenfeld" auf der Düne am damaligen Hauptübergang an der Strandstraße. 1919 wird sie abgebrochen.

Im Jahre 1854 legte man auf freier Heidefläche hinter den Dünen den Friedhof für Heimatlose an (unten). Auf ihm fanden die Namenlosen, denen die See das Leben genommen und sie dann auf den Sylter Strand gelegt hatte, ihre letzte Ruhe. Die letzte Leiche begrub man hier am 2. November 1905. Der Gedenkstein wurde am 2. September 1888 errichtet. Er war von der in Westerland als Kurgast weilenden Königin Elisabeth von Rumänien gestiftet worden, die den Künstlernamen Carmen Sylva trug.

Als Gast in Westerland

Der Strand um 1890. Eine besondere Strand- bzw. Urlaubskleidung hat sich noch nicht entwickelt. Die Dame lag im dunklen Gewand in der Sonne, und der Herr legte, egal, ob er promenierte oder im Sande saß, weder Homburger noch Paletot ab – von den Kindern ganz zu schweigen, die nur im Matrosenanzug und mit langen Wollstrümpfen im Sande buddeln durften. Der Musikpavillon hatte seine Öffnung noch zur Wetterseite hin, was bei ungünstiger Witterung für die Musiker sehr lästig gewesen sein soll.

Auf elegante Kleidung wurde Wert gelegt. Die Damen trugen bereits freundlichere Farben, während sich der überwiegende Teil der Herren immer noch im dunklen Anzug mit Chemisette und Binder präsentierte. Nur zum sonst üblichen Homburger hatte man eine passende Alternative gefunden: die „Prinz-Heinrich-Mütze", die lange in allen deutschen Seebädern getragen wurde.

Als Gast in Westerland | 73

Nach getrenntem Bade genoß man auf der Wandelbahn und auf der Plattform vor dem Musikpavillon gemeinsam das süße Leben, traf Pensionsnachbarn, knüpfte neue Bekanntschaften oder saß nur still auf der Bank und schaute dem bunten Treiben zu.

Die Kurkarte ist eine der frühesten Erfindungen der Seebäder. Sie hat sich bis heute unverändert erhalten und gilt als Aufenthaltserlaubnis am Ort. Wehe dem Gast, wenn er am Strand ohne sie aufgegriffen wird – er bekommt die ganze Strenge der Verwaltung zu spüren, stellt die Kurtaxe doch eine der wichtigsten Einnahmequellen der Gemeinden dar.

Badeleben

Am Badestrand sah es in den Anfangszeiten des Kurbetriebs noch recht einfach aus. Erst später lösten die eigens für die immer zahlreicher werdenden Gäste errichteten Strandhallen die provisorischen Bretterbuden ab. Die erste Möglichkeit, „unmittelbar nach dem Bade einen Mokka einzunehmen", hatte man 1860. In diesem Jahr wurde auf der Düne an der mittleren Strandtreppe ein achteckiger Holzpavillon aufgestellt, der unter den Namen „Erholung" oder „Trichter" bekannt war.

In solchen Einrichtungen konnten sich die Erholungsuchenden und die Urlauber nach dem Bade ausruhen und in den hoteleigenen Hallen sogar zu Tisch gehen. Als die Familie von Krockow Mitte der achtziger Jahre das Eiland besuchte, war außerdem bereits eine Art „Kurpromenade" entstanden.

Die „Bade-Ordnung" hatte der Kommerzienrat aufmerksam gelesen. Selbstverständlich durfte damals „nicht ohne Benutzung von Badebekleidung" in die Sylter Brandung gesprungen werden. In der sittenstrengen Kaiserzeit wurde ebenso darauf geachtet, daß Männlein und Weiblein nur streng getrennt ins Meer eintauchen konnten. Herren- und Damenbad waren während der festen Badezeiten für das jeweils andere Geschlecht tabu. In dem Bade-Reglement vom 20. April 1885 wurde unter anderem verfügt:

„Das Baden ist nur an den mit Tafeln als Herrenbad oder Damenbad bezeichneten Plätzen, und zwar unter Benutzung einer Badekarre und nur von 6 Uhr morgens bis 1 Uhr nachmittags erlaubt. Der Damenstrand und die angrenzenden Dünen sind während der Badezeit streng abgesperrt. Nach 2 Uhr dagegen sind alle Teile des Strandes jedem zugänglich ... Auch dürfen der Damenbadestrand sowie die dort gelegenen Dünen von Herren (ausgenommen hiervon sind nur der Direktor und der Badearzt zwecks gelegentlicher Revisionen des Personals und der Sicherheitsvorkehrungen) nicht betreten werden, solange die Flaggen dort aufgezogen sind."

Diese strengen Bestimmungen konnten die Kurgäste im Bäderführer nachlesen. Auch Sohn von Krockow mußte mit seinem Vater ins Herrenbad gehen, denn es galt: „Am Damenstrand dürfen Knaben, welche über 5 und unter 8 Jahren sind, nur in den Stunden von 11 bis 1 Uhr, ältere müssen jederzeit am Herrenstrande baden. Bei Ausnahmefällen, wo vielleicht die betreffenden Knaben sehr zart, oder kränklich und besonderer Aufsicht benötigt sind, wolle man sich gefälligst mit der Direction verständigen."

Frau von Krockow war selbstverständlich vor ihrem ersten Bad in der Nordsee etwas aufgeregt. Zuerst wartete sie mit Hedwig und dem Dienstmädchen, bis die Nummer auf ihrer Badekarte aufgerufen wurde – eine Badekarre war frei geworden. Eine Wärterin begleitete sie dorthin, wo sich unsere Dame umzog. Zum Baden kletterte sie dann im knöchellangen Badetrikot aus dem Wagen, lief über den Strand und tauchte, wie von der Kurverwaltung empfohlen, rund fünf Minuten lang in die Fluten.

Aufregende Bademodelle waren selbstverständlich verpönt. Damit auch jede Dame wußte, wie sie beim Baden auszusehen hatte, waren im Badebüro Musterbadeanzüge ausgelegt. Wer der See nicht traute, bekam zur Sicherheit eine Leine um die Taille. Und alles geschah unter der strengen Aufsicht der Badewärterin. Gegen eine kleine Gebühr waren die Wärterinnen besonders ängstlichen Damen behilflich und kamen sogar mit ins kühle Naß. Erst nach der offiziellen Badezeit war der Strand wieder der Allgemeinheit zugänglich.

Voyeure blieben zumeist chancenlos. Meine Großmutter war seit 1888 Badewärterin im Damenbad und wußte von vielen fehlgeschlagenen

Versuchen der Herren, einen verbotenen Blick zu erhaschen. Höchste Wachsamkeit war geboten, konnte doch der Anblick einer einzigen nackten weiblichen Wade die Männerwelt damals noch um den Verstand bringen.

Dieser Zustand änderte sich erst, als am 26. Juli 1902 gegen vielerlei Bedenken in Westerland das Familienbad er- öffnet wurde. Nun durften Frau und Mann gemeinsam in die Fluten. Die *Sylter Kurzeitung* berichtete über das aufsehenerregende – und lange Zeit umstrittene – Ereignis: „Trotz ungünstiger Witterung war die Beteiligung schon in den ersten Stunden eine so lebhafte, so daß sich alsbald ein recht munteres Leben und Treiben am Familienstrande entfaltete. Das gemeinschaftliche Baden vollzog sich in fröhlichster Stimmung aller Badenden in tadellosester Ordnung. – All' die Vorurteile und Befürchtungen, welche allzuängstliche Gemüter schon im Voraus beunruhigt hatten, wurden glänzend widerlegt." In der Realität nämlich sah das Familienbad ganz anders aus, als man es sich ausgemalt hatte. „Das auf den ersten Anblick Manchem wohl ungewohnte Schauspiel des gemeinsamen Badens bot", so der Korrespondent der Kurzeitung, „ein Bild unendlicher Harmlosigkeit."

Der Bericht enthielt aber auch eine engagiertes Plädoyer für die Neuerung: „Wer könnte sich etwas Einfacheres, Natürlicheres, Menschlicheres denken? Viele werden sich im Stillen erstaunt gefragt haben, warum denn diese Einrichtung nicht schon längst früher bestand? Und schon in wenigen Tagen, wenn der erste Reiz der Neuheit verflüchtigt ist, wird kein Wort mehr laut werden über das Familienbad, welches Jeder als selbstverständlich empfinden und für sich selbst in Anspruch nehmen wird. – Wer diese herzerfreulichen Familienscenen im Bade sehen und die jauchzenden Kinder im Spiele der Wellen, geschützt von ihren beglückten Eltern, beobachten konnte, dem mußte sich unwillkürlich die Ueberzeugung aufdrängen, daß die Einrichtung solcher Familienbäder tatsächlich einem Bedürfnis ent-

Mit diesem Bild warb das Bad im Jahre 1911. Wenningstedt gehörte damals noch zur Badedirektion Westerland.

Auch das gab es am Strand: Eselreiten für die Kleinen. Morgens zog er noch brav den Milchwagen durch Westerlands Straßen, nachmittags trug er geduldig die Kinder für fünf Pfennige pro Runde durch den Sand.

spricht, welches längst empfunden wurde." Schließlich wurden die Familienmitglieder nun nicht mehr durch die strenge Trennung in Damen- und Herrenbad den halben Tag lang auseinandergerissen, sondern konnten gemeinsam das Bad, die Seeluft und die Sonne genießen.

Wie der Korrespondent auch zu berichten weiß, war der Zuspruch, den die neue Einrichtung fand, so groß, daß innerhalb kürzester Zeit in Westerland alle Badeanzüge ausverkauft waren. Daraufhin sorgte die Badeverwaltung dafür, daß an der Wäschehalle am Strand Badeanzüge entliehen werden konnten.

Mit dem abschließenden Resümee, der 26. Juli des Jahres 1902 sei „jedenfalls ein bedeutungsvoller Wendepunkt in der Entwicklungsgeschichte unseres Nordseebades" gewesen, dürfte die Zeitung recht behalten haben.

Trotz dieser positiven Bewertung des Familienbades waren die sittlichen Bedenken dagegen noch lange nicht vom Tisch. Von seiten der Badeverwaltung wurde sicherheitshalber Junggesellen der Zutritt verweigert. Fotografieren war außerdem für Privatleute streng verboten, und die vorgeschriebene Badekleidung fand man im Badebüro ausgelegt.

Mit der Zeit aber verstummten die Diskussionen über das Für und Wider. Das gemeinsame Baden wurde alltäglich. Trotzdem waren es für alle, die an dieser revolutionären Neuerung teilhaben durften, aufregende Wochen. Die Strandfotografen bekamen Hochkonjunktur. Sie bemühten sich, die Damen in möglichst aufregenden Posituren im Bade abzulichten. Die Fotos waren am nächsten Tage im Schaufenster des Ateliers zu betrachten. So mancher männliche Kurgast ließ es sich nicht nehmen – künstlerisches Interesse heuchelnd – einige dieser Bilder heimlich zu erstehen.

Doch das war später. Familie von Krockow badete noch nach den strengen Vorschriften des 19. Jahrhunderts, und am Strand gab man sich traditionell und „zugeknöpft". Nach dem Bade hatte man die Möglichkeit, ohne große Umstände zu Tisch zu gehen, denn die vornehmeren Hotels unterhielten am Badestrand eigene Restaurations-Strandhallen. Hier konnte der Gast seine Mahlzeiten *à la carte* einnehmen, was ihm den Rückweg zum Hotel ersparte. Die Zeiten, in denen er bei seinen friesischen Wirtsleuten essen mußte, was auf den Tisch kam, waren nun endgültig vorbei.

Nachmittags begab man sich fein gekleidet an den Hauptstrand. Das Dienstmädchen Hertha hatte schon zwei Strandkörbe gemietet, in denen man lesen oder einfach ausruhen konnte, während die Kinder im Sand spielten. Frau von Krockow ließ es sich aber nicht nehmen, einen davon so zu verrücken, daß dem Ehegatten der Blick auf die attraktive Burgnachbarin verstellt wurde. Heute nachmittag allerdings traf man sich mit dem Ehepaar Dr. Klessen aus Berlin, um gemeinsam „Conversation" zu betreiben. Zum Beispiel parlierte man über das gesunde Inselklima und die Seeluft, denn von seiten der Seebadedirektion waren am Strand „selbstregistrierende" Thermometer, Barometer und Hygrometer aufgestellt.

Die Badedirektion achtete sorgsam darauf, daß die Gäste am Strand nicht von Händlern belästigt wurden. Sie hatten ihre Läden und Verkaufsbuden in Strandnähe entlang der Friedrich- und der Strandstraße. Der Verkauf am Strand war ihnen nicht erlaubt. Nur die Zeitungsverkäufer waren zugelassen. Außerdem gab noch den „süßen Heinrich". Daß er am Strand zur Institution wurde, hatte er den Kindern zu verdanken. Er war ein Original, hieß Heinrich Heidtmann und stammte aus Magdeburg. Was ihn einst auf die Insel verschlagen haben mag, ist nicht mehr festzustellen. Jedenfalls hatte er die Idee, Walnüsse zu kandieren und sie den Gästen als Leckereien anzubieten. Der Erfolg war durchschlagend. Zweimal am Tage kam er an den Strand, und jedes Mal wurde er seine Ware los. Er soll sogar zu bescheidenem Wohlstand gelangt sein. Nachahmer des ursprünglichen „süßen Heinrich" gab es noch bis zum Zweiten Weltkrieg.

Der „süße Heinrich" war jahrzehntelang eine feste Institution am Westerländer Strand. Zweimal am Tag machte er seine Runde und brachte mit Schlagfertigkeit und Humor seine kandierten Walnüsse an den Mann oder hauptsächlich an das Kind. Das Bild zeigt den zweiten „süßen Heinrich", Herrn Hagendefeldt. Abends besuchte er im schwarzen Frack als Rosenkavalier Westerlands Lokalitäten.

Mindestens zweimal während des Kuraufenthalts kontrollierte man sein Gewicht. Allerdings war man im Gegensatz zu heute froh, wenn die Kur angeschlagen hatte und man ein paar Pfunde zusätzlich mit nach Hause nehmen konnte.

78 | Badeleben

Badeleben 79

Die Wandelbahn war die beliebteste Meile am Westerländer Strand. Hier lustwandelte man täglich und bei jedem Wetter. Die erhöhte Lage ermöglichte eine wunderbare Aussicht auf Strand und Meer und selbstverständlich auch auf die neuesten Moden. In den Strandhallen konnte man vorzüglich dinieren und anschließend den Klängen der Kurkapelle lauschen. Die Strandhallen wurden mit viel Geld und Aufwand von den größeren Hotels nahe am Wasser aufgestellt. Dem Gast war es jetzt möglich, ohne sich weit von seinem Strandkorb entfernen zu müssen, in einer Filiale des eigenen Hotels die Mahlzeiten einzunehmen. Wie die Wandelbahn standen auch die Strandhallen auf Pfählen. Bei starkem Hochwasser wurden sie unter- und gelegentlich auch weggespült. Im Jahre 1911 wütete ein Brand, der sämtliche Hallen in Schutt und Asche legte. Aber man stellte unermüdlich neue Hallen auf. Erst mit dem Bau der massiven Plattform 1912 war ihr Ende gekommen.

Badeleben

Ein Blick von der Düne über die Wandelbahn auf das Meer. Hier befindet sich heute der Strandübergang zur Strandstraße. Dies ist der Platz, an dem man sich vormittags an der Plakatwand über alle Neuigkeiten wie Veranstaltungen, Ausflüge usw. informieren konnte. An dieser Wand hing auch ein Briefkasten, über den man sich eine Kutsche für den Ausflug oder einen Jäger für die Seehundsjagd bestellen konnte.

Badeleben

Ausgerichtet wie preußische Grenadiere stehen die Badekabinen im Herrenbad. Im Damenbad sah es übrigens ebenso aus. Dieses Gebiet hatten die Damen während der offiziellen Badezeit strikt zu meiden, wie auch für die Herren der Damenbadestrand absolut tabu war. Die Kabinen waren die verfeinerten Nachfolger der sogenannten Badekarren aus den Anfängen des Kurbetriebs. Diese waren mit eisernen Rädern versehen gewesen und wurden bis in die Nähe des Wassers gefahren, damit insbesondere die Damen möglichst unbeobachtet ins Wasser schlüpfen konnten.

82 | Badeleben

Nicht immer schien die Sonne am Westerländer Strand. Aber auch stürmisches Wetter hatte seinen Reiz. Aus der sicheren Höhe der Wandelbahn konnte der Gast nun mit ansehen, wie die See seine mühsam geschaufelte Burg einebnete. Oder er genoß den Anblick gemütlich bei einer Tasse Kaffee durch die Fenster einer Strandhalle, während unter ihm das Meer rauschte. Für die Angestellten der Kurverwaltung hieß es dagegen, die teuren Strandkörbe in Sicherheit zu bringen. Gelang es ihnen nicht rechtzeitig, sandete der Korb sofort ein und konnte, wenn überhaupt, meist nur noch beschädigt geborgen werden. Es war ein mühsames Geschäft, die Körbe auf die Dünen oder auf die Wandelbahn zu schleppen. Sichere Wettervorhersagen gab es noch nicht, und so geschah es oft, daß man vom Sturm überrascht wurde. Dann mußte auch die Feuerwehr beim Bergen helfen. Für den Gast war das aber ein unvergeßliches Ereignis.

84 | Badeleben

Alles ist im Wandel, so auch die Strandmode. Nachdem jahrzehntelang Ströme von Schweiß geflossen waren, setzte sich die leichte weiße Strandkleidung langsam durch und machte den Aufenthalt in der Sonne erträglicher.

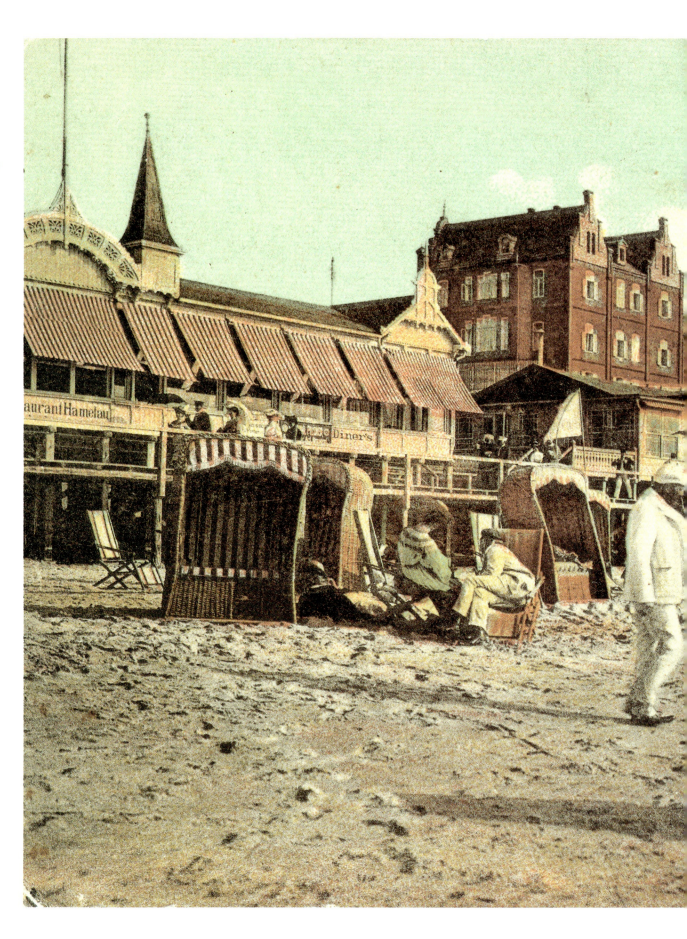

Badeleben | 85

Alles ist schon einmal dagewesen: gesittetes Beisammensein mit Damen in der Junggesellenburg mit Köm und Bier. Heute nennt man es wohl Beachbarbecue (oben).

Der Burgenstrand war damals Mittelpunkt des Badelebens, und vergnügte Zeitgenossen sorgten sich dort um Zeitvertreib und Kurzweil (unten). So gab es Kartenleger-, Verlobungs- und Heiratsburgen. In der Saison 1909 wurden allein 69 Verlobungen registriert. Auch Kurzehen sollen reichlich am Strand geschlossen worden sein. Über ihren Ausgang schweigt aber der Chronist.

86 | Badeleben

Badeleben | 87

Der Burgenstrand von Westerland mit Wandelbahn und Strandtreppe: Bis zu anderthalb Meter hohe Sandwälle wurden geschaufelt, und es war üblich, die Burg mit Muscheln zu verzieren oder – angeblich eine Eigenart der Deutschen – mit Fahnen zu schmücken, welche die Herkunft der „Burgherren" verrieten. So manche Strandfestung erhielt auch einen richtigen Namen.

Der 26. Juli 1902 war für Westerland ein bedeutsamer Tag: Das Familienbad wurde eröffnet. Die Sylter Kurzeitung berichtete ausführlich über diese umstrittene Neuerung. Das erste gemeinschaftliche Baden soll sich aber in fröhlichster Stimmung und in tadellosester Ordnung vollzogen haben.

Die Badezeit im Damenbad ist beendet. Was dort im Winde flattert, sind tatsächlich die Vorläufer des Bikinis. Trotz ihres Volumens sollen sie die damalige Herrenwelt ebenso erregt haben wie der heutige Tanga. Die Kabinen selbst stehen wie eine festgefügte Mauer, unüberwindlich für jeden männlichen Eindringling und außerdem von einer Handvoll kampfbereiter Badewärterinnen bewacht.

Im Damenbad hatte das andere Geschlecht nichts zu suchen. Eifrig wurde darüber gewacht, daß es zu keinen Verstößen gegen die Tugend kam. Fotografieren war selbstverständlich streng verboten.

90 | Badeleben

Badeleben

Etwa 3,5 km nördlich von Westerland lag der damals noch kleine und von der Badedirektion Westerland verwaltete Badeort Wenningstedt. Vom hohen Kliffufer führte die Holztreppe an den Strand, wo sich das Badeleben nicht von dem in Westerland unterschied. Allerdings war der Aufenthalt in Wenningstedt immer ein wenig preiswerter.

Ausflüge in die Umgebung

Familie von Krockow hatte natürlich nicht vor, die Ferien ausschließlich am Westerländer Strand zu verbringen. Schließlich wollte man auch Land und Leute kennenlernen, und so informierte sich Herr von Krockow in der Badedirektion über das Angebot an Vergnügungsfahrten und Ausflügen. Die Auswahl war beachtlich: Da gab es „Wagenparthien" zu den anderen Inseldörfern oder in die Natur, Dampferlustfahrten nach List und auf die umliegenden Inseln und sogar Seehundsjagden. Für diese Ausflüge standen eine ganze Reihe von Pferdedroschken bereit, mit denen sich die Sylter während der Saison eine gute Nebeneinnahme verschafften. Um Ordnung in das Mietkutschenwesen zu bekommen, wurde jedes Jahr bekanntgeben, wieviel der Fuhrmann für seine Leistungen fordern durfte. So zahlte man zum Beispiel im Jahre 1877 für die Fahrt von Westerland nach Wenningstedt drei Mark, nach Munkmarsch oder Keitum 3,50 Mark und nach Rantum fünf Mark. Für die Fahrt zu den entlegenen Orten der Insel, nach List oder Hörnum mit jeweils zwei Stunden Aufenthalt, waren fünfzehn Mark zu bezahlen. Wer auf eigene Faust die Gegend erkunden wollte, konnte auch für drei Mark pro Stunde ein Pferd oder eine Schaluppe mieten.

Nachdem Herr Kommerzienrat von Krockow die gesamte Kurtaxe in Höhe von 18 Mark entrichtet und das Angebot geprüft hatte, schlug er seiner Familie vor, am nächsten Tag eine Fahrt nach dem am nordöstlichen Zipfel der Insel gelegenen List zu unternehmen. Nach diesem Ausflug würde man weitersehen.

Morgens in der Frühe fuhr die bestellte Kutsche vor. Nicht nur über Land sollte es gehen – nein, Sohn Otto hatte auf einer richtigen Seereise bestanden. Die Sylter Dampfschiffahrts-Gesellschaft bot in ihrem Sommerprogramm eigens dafür Tagesfahrten von Munkmarsch durch das Wattenmeer nach List auf dem kleinen Dampfer *Hoyer* an. Und für eine solche Fahrt hatte man sich entschieden. Nach einer Stunde war Munkmarsch erreicht. Weil es bis zur Abfahrt des Schiffes noch etwas dauerte, konnte unsere Familie in aller Ruhe beim Pächter Nann im „Hotel Munkmarsch" eine Tasse Kaffee und für die Kinder eine Limonade bestellen.

Dann legte der vollbesetzte kleine Dampfer ab und tuckerte gemütlich durchs Pander Tief und Lister Ley zum Königshafen, so benannt nach dem dänischen König Christian IV., der hier im Jahre 1644 in einer Seeschlacht die vereinigte Flotte der Niederländer und Schweden vernichtend geschlagen hatte. Inzwischen war aber dieser Hafen, der einstmals ganzen Flotten von seegehenden Schiffen Schutz bot, flach und versandet. Der Anker wurde ausgeworfen, die Gäste wurden mit einem Ruderboot an Land gesetzt, wo man zunächst die Dorfgaststätte aufsuchte, um sich von den „Strapazen" der Seefahrt zu erholen.

Um 1890 bestand List aus elf einsam am Königshafen gelegenen Häusern mit nur 57 Einwohnern. An den Spaziergang durch das Dorf schloß sich eine Wanderung bei strahlendem Sonnenschein am Königshafen entlang bis zum Westellenbogen an. Unsere Ausflügler zeigten sich von der Natur und der Abgeschiedenheit des Sylter Nor-

Zu den besonderen Erlebnissen zählte ein morgendlicher Ritt durch die Düneneinsamkeit. Im Westerländer Reitstall konnte man sich zu diesem Zweck stundenweise ein gutes Reitpferd mieten.

Die Seehundsjagd war damals eine der Attraktionen für den Badegast. Sie konnte von Munkmarsch und von Hörnum aus unternommen werden, wo während der Saison ständig die Segelkutter der Seehundsjäger bereitlagen. Die erforderlichen Gewehre und Gerätschaften befanden sich an Bord. Jäger und Gast legten sich auf die Sandbank und täuschten die in der Nähe schwimmenden Seehunde dadurch, daß sie sich wie ihre Artgenossen benahmen. Die neugierigen Tiere kamen auf die Bank gerobbt. Ihnen blieb keine Chance.

dens stark beeindruckt. Der Rückweg führte über die große Wanderdüne zum Lister Tor, das Sohn Otto unbedingt noch besichtigen wollte.

Bis 1864 hatte der Norden Sylts zu Dänemark gehört und das Tor die Grenze zum Nachbarland markiert. Ehrfürchtig blieb man unter dem aus einem Walkiefer errichteten „Grenzpfahl" stehen, und Herr von Krockow erzählte seinen Kindern vom deutsch-dänischen Krieg von 1864, in dem es den preußischen und österreichischen Truppen gelungen war, die Insel zu erobern. Jetzt gehörte ganz Schleswig-Holstein mit den Nordfriesischen Inseln bereits seit über zwanzig Jahren zu Deutschland. Damit beschloß unsere Familie den abwechslungsreichen Tag und machte sich auf den Rückweg. Am späten Nachmittag traf man wieder in Westerland ein.

Ab 1910, als die staatliche Austernzucht von Husum nach List verlegt wurde, hatte der Ort seinen Besuchern noch eine besondere Attraktion zu bieten. Als Krönung des Tages konnten die Herrschaften dann nämlich die Austernbecken besichtigen und in der dazugehörigen Probierstube tapfer ein paar Austern schlürfen.

Auch an einer Seehundsjagd nahm Herr von Krockow, der ein begeisterter Jäger war, von Hörnum aus teil. Einen ganzen Tag kroch er erfolglos zusammen mit dem Seehundsjäger Peter Rincken auf dem feuchten Sand des Jungnamen, einer weit draußen vor dem Amrumer Kniepsand gelegenen Sandbank, herum. Bei dieser Jagdart kam es allein auf die Geschicklichkeit der Jäger an, ob es ihnen durch seehundähnliches Verhalten gelingen würde, die neugierig in der Nähe schwimmenden Tiere auf den Strand zu locken. Bis in die späten Abendstunden robbten sie vergeblich. Schließlich kam doch noch ein unerfahrener oder kurzsichtiger Seehund auf die Sandbank gekrochen, um sich die beiden vermeintlichen Artgenossen einmal aus der Nähe anzusehen. Im letzten Büchsenlicht robbte er gerade Herrn von Krockow vor die Flinte. So kam unser Kurgast zu einem leicht durchlöcherten, aber dafür selbsterbeuteten Seehundsfell und Peter Rincken zu 30 Mark Schußgeld. In Matz Petersens Gasthof in Westerland versoff man anschließend den Ertrag, den das Fell brachte. Das gehörte sich so. Dann wurde es in die streng riechende Gerberei des alten Opa Thiede gebracht

Um die Familie nicht zu kurz kommen zu lassen und weil es auch für den Strandkorb etwas zu kühl war, unternahm Herr von Krockow mit seinen Lieben in der zweiten Urlaubswoche einen ausgedehnten Kutschausflug in die Norddörfer. Allerdings sehr zum Leidwesen der älteren Tochter Hedwig, die viel lieber die Kontakte mit dem Sohn der Klessens vertieft hätte, deren Strandburg nun genau neben der Krockowschen lag. Aber die Eltern waren unerbittlich. Die Umgangsformen am Strand waren steif und streng und von der damaligen „Etikette" geprägt. Das sollte sich erst nach der Jahrhundertwende lockern, als die strikte Trennung von Herren- und Damenbad aufgehoben und das Strandleben „liberalisiert" wurde. Strandburgen wie das berühmte „Internationale Heiratsbureau" entstanden, das großen Zuspruch fand.

Das nahegelegene Wenningstedt war das erste Ziel der von Krockows. Zum Pflichtprogramm gehörte der Besuch des Denghoogs, eines jungsteinzeitlichen Hünengrabes, das seit seiner Öffnung im Jahre 1868 besichtigt werden konnte. Hedwig gruselte sich ein wenig, als sie durch den schmalen Eingang in die dunkle Grabkammer stieg.

Auch Wenningstedt beherbergte schon seit einiger Zeit Kurgäste. Der dortige Badebetrieb mit seinen Anlagen gehörte von Anfang an zu Westerland. So nennt die Westerländer Kurliste von 1859 zum ersten Mal auch 20 in Wenningstedt weilende Gäste.

Der Kurbetrieb in Wennigstedt entwickelte sich jedoch deutlich langsamer als der von Westerland. Gab es im Jahr 1860 54 Einwohner und 13 Häuser, so waren es 1905 ganze 92 Einwohner und 34 Häuser. Erst im Jahr 1927 wurde der Ort selbständiges Bad.

Nachdem man sich vom beeindruckend nahen Kliffrand das Meer und seine unendliche Weite angesehen hatte, gab es in Fiete Möllers „Gift-Bude" einen kleinen Imbiß und für den Vater und den Kutscher einen „Gift", das heißt einen kräftigen Köm.

Weiter ging es nach Kampen. In der Zwischenzeit war Wind aufgekommen,

Das jungsteinzeitliche Hünengrab, der Denghoog, lag damals noch einsam am Wenningstedter Dorfteich.

Nachdem das Grab im Jahre 1868 geöffnet worden war, konnte es gegen ein kleines Entgelt besichtigt werden.

und weil er ein wenig kühl aus Nordwesten blies und Frau von Krockow an ihr Rheuma denken mußte, verzichtete man auf die geplante Besichtigung des weit bekannten Roten Kliffs und ließ sich im Pavillon zum Mittagessen nieder. Auf Vorschlag des Kutschers schloß sich daran eine Besichtigung des Leuchtturms an. Dieser war 1855, also noch in der dänischen Zeit, unter König Friedrich VII. erbaut worden. Alle waren von dem Rundblick, den man von der oberen Plattform hatte, begeistert.

Anschließend fuhr man über Braderup nach Keitum, dem alten, schönen Hauptort der Insel. Keitum war zu jener Zeit noch ein rein friesisches Dorf, das um 1890 aus 194 Häusern bestand und 916 Einwohner hatte. Gesprochen wurde friesisch. An der alten Kirche St. Severin ließ man den Kutscher halten. Eben wurde einer kleinen Besuchergruppe die Kirche gezeigt, dieser schloß sich unsere Familie an. Ein Gemeindehelfer berichtete über die Baugeschichte des altehrwürdigen Gotteshauses. Das romanische Kirchenschiff stamme bereits aus dem 12. Jahrhundert, der spätgotische Turm aber sei erst später, wahrscheinlich im 14. Jahrhundert, errichtet worden.

Den aufmerksam lauschenden Kindern erzählte der Führer auch von den beiden Schwestern Ing und Dung, die der Sage nach ihre Ersparnisse für den Bau des Turmes geopfert hätten. Ihnen zu Ehren habe man ihre Grabsteine in die westliche Turmwand eingemauert, wo sie noch heute zu sehen seien. Während eines anschließenden Rundgangs über den Friedhof bemühte sich Otto, die Inschriften auf den bemoosten Grabsteinen zu entziffern. Vom abenteuerlichen Leben der Sylter Walfänger und Kapitäne war da die Rede, von ihren Frauen und Kindern, die auf der Insel blieben und auf die glückliche Rückkehr der Seeleute hofften.

Danach stärkte man sich zunächst einmal in einem Keitumer Kaffeegarten mit einem großen Becher Schokolade und genoß den Ausblick und die weite Sicht nach Osten über das Wattenmeer und auf das Festland. Auch damals war Keitum eine Attraktion: Viele Friesenhäuser waren gut erhalten und zeugten von dem während der Walfangreisen erworbenen Reichtum

ihrer Kapitäne und Besitzer. Besonders schön waren das Christian-Peter-Hansen-Haus (heute das Museum Altfriesisches Haus) und die Häuser am heutigen Frachtenstegelk oder Gurtstig. Es dämmerte schon, als die ganze Familie nach dem abschließenden Spaziergang durchs Dorf müde in den Wagen stieg und zum nahegelegenen Westerland zurückkutschierte. Fuhrmann Petersen freute sich über den Taler, den Herr von Krockow als Trinkgeld springen ließ.

Weil Mutter und Tochter streikten – sie wollten lieber von ihrem Strandkorb aus die neuesten Damenmoden begutachten – unternahmen Vater und Sohn eine weitere Exkursion gen Süden. Zusammen mit einer Gruppe Naturfreunde machte man sich auf den

Eine bekannte Gaststätte und ein beliebtes Ziel für Ausflügler war Bleickens „Friesenhalle" in Keitum.

Selbst die winzige Ortschaft Rantum hatte eine kleine Gastwirtschaft, in der sich müde Wanderer und Ausflügler erfrischen konnten.

Weg zur nördlich von Rantum gelegenen Eidumer Vogelkoje, einem von Büschen und Gesträuch umgebenen kleinen Teich, der als Entenfalle genutzt wurde. Die Koje hatte ihren Namen von dem alten Eidumer Deich, der nicht weit davon verlief.

Weil die Fangsaison noch nicht begonnen hatte, war Interessierten ein Besuch gestattet. Nachdem sie dem Kojenwärter Jens Peter Jensen 1,50 Mark Eintritt gezahlt hatten, wurde ihnen die Anlage gezeigt und die Fangtechnik erklärt. Eine Anzahl zahmer Lockenten, die in bestimmten Jahreszeiten auf dem Teich ausgesetzt wurden, sollten ihre vorbeifliegenden wilden Artgenossen zur Landung verleiten. Der Wärter lockte sie dann in einen mit Netzen abgedeckten Fangkanal – die sogenannte „Pfeife" – und „ringelte" sie, das heißt, er faßte sie am Halse und schickte sie mit einer schleudernden Umdrehung ins Jenseits. In dem Rekordjahr 1895 fing er auf diese Art über 8000 Enten.

Der Besichtigung folgte eine Wanderung am stillen Watt entlang bis zum Dorf Rantum, das bis in die zwanziger Jahre des 20. Jahrhunderts nur aus einigen wenigen Häusern bestand. Über die Jahrhunderte hinweg mußten seine Bewohner immer wieder ihre Häuser verlassen und weiter östlich neu aufbauen. Sturmfluten und Flugsand hatten Hab und Gut verschlungen und die Dünen ständig weiter nach Osten wandern lassen.

Westlich von Rantum sind Zeugen aus alter Zeit gefunden worden. Noch heute ist hier die am stärksten gefährdete Stelle der Insel. Man befürchtet, daß eine der nächsten großen Sturmfluten den schmalen Dünengürtel von Rantum durchbrechen und Sylt zweiteilen könnte.

Als die Ärmsten der Insel haben die Einwohner Rantums in den vergange-

Eine der ersten Postkarten mit der Gesamtansicht der Insel.

nen Jahrhunderten immer ein elendes Leben geführt. Einst war die Not so groß, daß der Jammer am Hofe zu Kopenhagen gehört wurde und der dänische König Friedrich VI. 1825 persönlich das Dorf aufsuchte, um sich vor Ort von der Armut seiner Untertanen zu überzeugen. Als er sich mit seinem Gefolge die Schäden ansah, die Sturm und Sandflug verursacht hatten, nahm ihn eine verarmte Greisin bei der Hand, führte ihn in ihre Hütte und sagte auf friesisch zu ihm: „Komm nur herein, kleiner König, und sieh, wie wir es haben."

Ursprünglich war das Dorf Rantum ein eigenes Kirchspiel, seine Einwohner sollen sogar wohlhabend gewesen sein. Von vier aufeinanderfolgenden Kirchen wird berichtet, Genaueres aber weiß man nur von den beiden letzten. 1757 wurde der vorletzte Bau abgebrochen. Er war wegen Versandung nicht mehr benutzbar gewesen.

Das gleiche Schicksal ereilte die letzte Kirche, die von 1757 bis 1801 weiter landeinwärts gestanden hatte. Schon 1799 war sie bis an die Fenster mit Sand bedeckt. 1801 wurde sie an Ebe Pohn, einen Westerländer Schiffer, für 113 Taler und 42 Schillinge verkauft. Dieser schmückte mit dem Altar die Kajüte seines Schiffes und nannte es nun *Segen von oben*. Der Ort selbst wurde im selben Jahr mit dem Kirchspiel Westerland vereinigt.

Doch daran dachten unsere Ausflügler nicht. Rantum lag idyllisch in der Nachmittagssonne, und man ließ sich vor der Heimfahrt in Nissens Gaststätte eine Stärkung bringen.

Zwei Tage später verließ Familie von Krockow gut erholt und voller Eindrücke die Insel via Hoyerschleuse mit dem festen Vorsatz, daß dies nicht der letzte Syltbesuch gewesen sein sollte.

Ausflüge in die Umgebung

List war bis 1864 dänische Enklave im Herzogtum Schleswig (oben). Zu dieser Zeit war die ganze Halbinsel List im Besitz (Erbfeste) zweier Bauern. Es wohnten dort um die Mitte des 19. Jahrhunderts 46 Menschen. Fünf Kinder besuchten die kleine Schule (das Gebäude rechts im Hintergrund).

Um die 18 km nördlich von Westerland gelegene, kleine Ortschaft List zu besuchen, benutzte man gern den Dampfer *Hoyer*, der von Munkmarsch aus die Ausflügler, denen eine Wanderung zu beschwerlich gewesen wäre, durchs Wattenmeer bis zum Königshafen brachte. Dort ging das Schiff vor Anker, und die Passagiere wurden mit einem Ruderboot an Land gesetzt (unten).

Ausflüge in die Umgebung | 99

Nach einem Bummel durch List wartete man bei Paulsen im Gasthof zum Königshafen gemütlich bei Kaffee und Kuchen auf die Rückfahrt. Ab 1908 konnten die Ausflügler die Rückreise nach Westerland mit der Nordbahn antreten.

Ausflüge in die Umgebung

List war der Sitz der Königlich Preußischen Austernfischerei-Pachtung. Die begehrten Meerestiere wurden von den Austernbänken im Wattenmeer mit Fischereifahrzeugen hierhergebracht und in drei großen Bassins wieder ausgesetzt. Von hier erfolgte auch der Versand in alle Welt. Um die Austern der für sie lebenswichtigen Strömung auszusetzen, füllte ein automatisch wirkendes Hebersiel die Bassins bei jeder Flut und entleerte sie bei jeder Ebbe. Eine Besichtigung der Anlage gehörte zum Ausflugsprogramm.

Manch einer wagte noch einen Besuch in der Probierstube der Austernfischerei. Für die Aussicht, sich daheim vor den lieben Freunden ein wenig brüsten zu können, schluckte man ein paar dieser Meerestiere, die schon damals als Delikatesse galten.

Einst gehörte das Listland zum dänischen Nationalstaat. Erst nach dessen Niederlage im preußisch-dänischen Krieg von 1864 wurde es deutsch. Zu dieser Zeit hatte es nicht mehr als ein halbes Hundert Einwohner und elf Häuser und befand sich im Besitz zweier Bauerngeschlechter, die 1766 Grundbesitzer mit Erbrechten geworden waren. Ihren Nachkommen gehört das Land noch heute.

Eine Häuslerwohnung auf List. Noch scheint hier die Zeit stillzustehen. Der wichtigste auf Sylt erzeugte Rohstoff war die Wolle. In jedem Haus gehörte deshalb das Spinnrad zur Standardausrüstung, und in jeder freien Minute klapperten die Stricknadeln.

102 | Ausflüge in die Umgebung

Ausflüge in die Umgebung | 103

Das „Hotel zum Kronprinzen", hier noch in der ganzen Ursprünglichkeit der Sylter Dünenwelt zwischen Westerland und Wenningstedt gelegen, wurde Anfang der neunziger Jahre erbaut. Anfänglich florierte es wirtschaftlich nicht besonders. Erst als es der Nordstrander Peter Friedrich Nann, dem auch das „Hotel Munkmarsch" gehörte, im Jahre 1901 übernahm und es erheblich erweiterte, wurden schwarze Zahlen geschrieben. Der Gast konnte hier, abseits jeden Trubels, seine Ferien verbringen. Das Hotel, mutig an die Kliffkante gebaut, rückte mit der Zeit immer näher an die landraubende Nordsee heran, bis sie es sich 1962 endgültig holte.

104 | Ausflüge in die Umgebung

Wie alle anderen Seebäder hatte auch Wenningstedt seine sogenannte „Giftbude". Es war Mode für den Herrn, hier täglich einzukehren und sich „einen Gift" zu genehmigen. Das war der Sammelbegriff für einen Hochprozentigen.

Friedrich Möller war nicht nur der Besitzer des Bahnhofs-Hotels in Wenningstedt, er betrieb auch die „Giftbude" an der Strandtreppe. Diese Bezeichnung war seinerzeit ein feststehender Begriff. Von der Wenningstedter „Giftbude" konnten Kurgäste und Ausflügler die Aussicht über die See genießen.

Ausflüge in die Umgebung | 105

Badeleben an der Wenningstedter Strandtreppe. Trotz der Kliffküste verfügt Wenningstedt über einen breiten, steinfreien Sandstrand.

Das „Hotel zum Kronprinzen" (oben) wurde ständig erweitert, bis es um die Jahrhundertwende einen weithin sichtbaren Gebäudekomplex mit über 70 Zimmern bildete.

Man mag auch damals schon über solche fremdartigen Kästen gelächelt haben, war aber wohl als Kurgast froh über den Komfort, der in den alten Friesenhäusern so gänzlich fehlte. Bei Petroleumlicht, vorzüglichem Wasser aus eigenem Brunnen und guter Hamburger Küche war man im „Hotel Zur Nordsee" (rechts) für 40 Mark die Woche rundum versorgt.

Ausflüge in die Umgebung | 107

Das „Hotel zum Kronprinzen" lag zwar weitab, verfügte aber über alles, was der Gast benötigte. Der eigene Badestrand lag unmittelbar vor der Haustür und konnte über eine bequeme Holztreppe erreicht werden.

Das „Hotel Friesenhof" (links), am östlichen Ende der Alten Dorfstraße in Wenningstedt gelegen, war das älteste im Ort. Der Wirt ließ es sich nicht nehmen, seine Gäste mit eigenem Fuhrwerk entweder am Anleger in Munkmarsch oder, wenn sie den Weg über Helgoland-Hörnum gewählt hatten, am Westerländer Südbahnhof abzuholen. Weil man damals noch um jeden Kunden werben mußte, hatte der Service am Gast einen besonderen Stellenwert.

Ausflüge in die Umgebung | 109

Wenningstedt, das waren 1876 nicht mehr als ein Dutzend Häuser und etwa 50 Einwohner. Bis zur Jahrhundertwende hatte sich die Bevölkerung bereits vervierfacht, und die Anzahl der Gebäude war auf über 30 angewachsen. Aber um den alten Dorfteich mit seinem Brunnen herrschte noch Stille.

Noch lagen die Friesenhäuser weit auseinander. In einer alten Landschaftsbeschreibung ist zu lesen: „Von einem geschlossenen Dorfe kann keine Rede sein. Die Häuser Wenningstedts liegen frei, so daß der Blick nirgends beengt wird und die frische, freie, unverdorbene Seeluft in jede Ecke der Ortschaft hineinwehen kann." Links das damals wohl am meisten fotografierte Friesenhaus des Rink Bundis. Es wurde 1923 durch Blitzschlag eingeäschert.

Ausflüge in die Umgebung

Kampen, gut eine Viertelstunde vom Strand entfernt und malerisch gelegen, bot dem Gast fernab von jedem Trubel Ruhe und Erholung. Abseits vom großen Badebetrieb, blieb der Ort – sieht man vom Kurhaus ab – lange von Luxushotels und lauten Vergnügungen verschont.

Ausflüge in die Umgebung | 111

Schön waren sie, die noch ursprünglichen alten Friesenhäuser mit ihren Steinwällen und gepflegten Gärten, wenn auch der Westwind den Bäumen nur eine bescheidene Höhe erlaubte.

Ausflüge in die Umgebung

Weit reicht der Blick von der Uwe-Düne über die zwischen dem Dorf Kampen und dem Meer gelegene weite Heide bis in die Lister Dünenwelt. Seltsam nimmt sich das große Kurhaus in dieser Einsamkeit aus.

Ausflüge in die Umgebung

Einsam steht das Blockhaus in der Kampener Heide bei den Hünengräbern in der Nähe des kleinen Leuchtturms (oben).

Auch Kampen beginnt durch den Fremdenverkehr zu wachsen. Neben den alten Friesenhäusern haben sich bereits einige Neubauten etabliert. Man achtete aber schon früh darauf, daß die neue Bausubstanz nicht das Ortsbild störend veränderte. So mußte jedes Haus mit einem Reetdach versehen sein (unten).

Ausflüge in die Umgebung

Kampen konnte sich lange seinen Charakter als Friesendorf bewahren. Stets war man bemüht, Trubel vom Ort fernzuhalten.

30 Meter über dem Meeresspiegel gelegen, bietet es auch heute noch eine wunderbare Aussicht über die reizvolle Umgebung.

Wie überall fand der Gast auch in Kampen anfänglich nur eine einfache Unterkunft in Privathäusern. Man war froh über die Nebeneinnahmen und rückte in den Sommermonaten gern ein wenig zusammen. Aber auch Kampen blieb von Kolossalbauten nicht verschont: 1894 wurde am Roten Kliff ein Kurhaus errichtet.

Ausflüge in die Umgebung | 115

Kaum ein Syltbesucher verzichtete auf eine Besichtigung des Kampener Leuchtturms. Er wurde in dänischer Zeit im Jahre 1854 am Fuße des größten Sylter Grabhügels (der Sage nach dem des altfriesischen Seekönigs Bröns) errichtet.

Um den Badegästen den langen Weg ins Dorf zu ersparen, baute man in der Nähe der Treppe zum Badestrand diesen seltsamen Restaurations-Pavillon.

Ausflüge in die Umgebung

Ein seltener Blick vom Klenter Tal auf die Keitumer Kirche St. Severin (oben). Sie ist das Wahrzeichen der Insel und diente lange als Landmarke für die Seefahrer. Das romanische Kirchenschiff stammt aus dem 12. Jahrhundert.

Der Friesenhain (unten), ein kleines Gehölz mit der gleichnamigen Ausflugsgaststätte, wurde in der ersten Hälfte des vorigen Jahrhunderts von Westerländer Bürgern auf dem heutigen Flugplatzgelände angelegt.

Ausflüge in die Umgebung | 117

Ein Spaziergang am Kliffrand gehörte immer zur Landpartie. War doch der Ausblick von hier besonders beeindruckend, denn das stille Wattenmeer wirkte ganz anders als die gewaltige See, die man von der Westseite kannte.
Unser Pfingstausflug, den wir regelmäßig zur Fliederblüte nach Keitum unternahmen, endete immer in Nielsens Kaffeegarten. Nach Kakao und Kuchen bestand ich stets auf einer Wanderung auf dem Pfad entlang der Kliffkante. Ich nannte ihn „meinen Märchenweg". Es gibt ihn heute noch.

118 | Ausflüge in die Umgebung

Ausflüge in die Umgebung | 119

Das Bild zeigt die gesamte Anlage der 1881 erbauten Rantumer Vogelkoje. Schützendes Strauch- und Buschwerk, wie wir es von der Kampener und Eidumer Vogelkoje kennen, konnte sich hier nicht entwickeln.

Rantum bestand damals nur noch aus fünf Häusern und einer wegen Schülermangels seit 1852 leerstehenden Schule (oben). Einst war es ein ansehnliches, eigenständiges Kirchspiel, doch der vordringende Flugsand hatte nach und nach das Dorf unter sich begraben. Die wenigen noch verbliebenen Einwohner lebten von der Seefahrt.

Einsam und fernab des einsetzenden Badebetriebs lag das kleine Dorf Rantum auf der langen Südhalbinsel Hörnum. Nördlich der wenigen Häuser dehnte sich eine weite Wiesenfläche aus, Rantuminge genannt – der letzte Schatz, den der Sandflug seinen Bewohnern gelassen hatte. Eine schmale Wagenspur am Rande der Dünen stellte die einzige Verbindung nach Westerland dar. Die kleine Ansiedlung wäre wohl auch noch lange unbeachtet geblieben, hätte nicht 1901 die Südbahn ihren Betrieb aufgenommen. So bekam Rantum zwar eine Verbindung zur großen Welt, behielt aber trotzdem noch lange seinen verträumten Charakter.

Ausflüge in die Umgebung | 121

Bis Ende des 19. Jahrhunderts war Rantum ein romantisch in den stillen Wattwiesen gelegenes Dorf. Der 1777 hier geborene Chronist Henning Rinken erinnerte sich, daß zu seiner Zeit in Rantum noch 26 Häuser gestanden hätten. Dann schmolz die Gemeinde immer weiter zusammen. Zuletzt waren es neben der Schule nur noch fünf Häuser, man sprach von der „Fünf-Häuser-Zeit". Weideland und Felder versandeten, der Flugsand wehte zur Tür herein und vertrieb die Bewohner. Das alte Rantum ist heute verschwunden.

Eine Zeit geht zu Ende

Jahre waren vergangen. Und wie es so oft im Leben geschieht, die von Krockows hatten den Vorsatz, ihren Syltbesuch zu wiederholen, nicht wahrgemacht. Nur der inzwischen erwachsene und verheiratete Sohn Otto besuchte mit seiner Frau viele Jahre später noch einmal die Insel. Der elegante Dampfer *Frisia* brachte sie wie einst die kleine *Sylt* von Hoyerschleuse nach Munkmarsch.

Es war im Juli des Jahres 1914. Seit den achtziger Jahren des vorigen Jahrhunderts hatte sich viel getan. Westerland war Stadt geworden, besaß nun ein Elektrizitäts- und ein Wasserwerk und verfügte seit 1895 sogar über ein eigenes Krankenhaus. Otto von Krockow hatte Mühe, sich zurechtzufinden.

In der unmittelbar am Strand gelegenen Villa Breitenfeld, in der auch Zimmer für Kurgäste angeboten wurden, nahm man Logis. Obwohl die politische Lage in Europa angespannt war – in Sarajewo waren am 28. Juni der österreichische Thronfolger und seine Gemahlin von serbischen Terroristen ermordet worden –, waren die Hotels und Pensionen ausgebucht und die Strandkörbe begehrt. Am 21. Juli zählte man allein in Westerland über 9000 Badegäste.

Der Nachmittag des 1. August war sonnig. Ehepaar von Krockow hatte einen Sitzplatz vor dem Musikpavillon eingenommen und genoß das Kurkonzert, als plötzlich die Menge auf der Kurpromenade in Unruhe geriet. Soeben war die Mobilmachung verkündet worden.

In den wenigen verbleibenden Tagen bis zum 5. August, an dem die Seebäder geschlossen wurden, verließen die Badegäste fluchtartig die Insel. Reserveoffizier Otto von Krockow hatte sich binnen zwei Tagen beim Kompaniechef seiner Heimatkaserne zu melden. Zusammen mit Tausenden anderen Badegästen drängte er sich mit seiner Frau auf den völlig überladenen Dampfer, der sie zurück aufs Festland brachte.

Sylt wurde in den darauffolgenden Monaten mit enormem Aufwand zur Festung ausgebaut und bekam Kriegsbesatzung. Barackenlager wuchsen aus dem Inselboden, das Eisenbahnnetz wurde erweitert – 1917 wurden die Südbahn und die Nordbahn zusammengelegt –, schwere Batterien gingen im Norden und Süden in Stellung.

Das Militär beherrschte nun die Szene. Es belegte Hotels und Pensionen, in denen noch vor wenigen Tagen fröhliche Sommergäste verwöhnt worden waren. Sitz der Kommandantur wurde das traditionsreiche „Hotel zum Deutschen Kaiser". Für die inzwischen längst auf den Fremdenverkehr eingestellten Insulaner bedeutete das eine kleine Katastrophe, denn die Quartierssätze der Armee lagen um ein Vielfaches unter den üblichen Zimmerpreisen des Kurbetriebs.

Wer von den Sylter Wehrpflichtigen festen Truppenteilen angehörte, verließ die Insel. Die übrigen bildeten die sogenannte „Inselwache". Auch mein Vater kam zu einer Einheit der „Inselwache". Obwohl er keine große Ahnung von dem Metier hatte, wurde er Koch für die Offiziere in den Hörnumer Blockhäusern. Es wurde dort für ihn eine recht vergnügliche Zeit. Seine Kompanie bestand ausschließlich aus Einheimischen, jeder kannte jeden.

Eine Zeit geht zu Ende

Auf Hörnum, beim Wardingstal, entstand das Lager Groß Vlie. In schlecht isolierten Baracken wurde hier die erste Kompanie der Sylter Inselwache untergebracht, die sich aus Syltern, die über das Frontalter hinaus waren, zusammensetzte. Das Lager blieb nach dem Krieg erhalten und wurde zum Hamburger Jugendferienheim Puan Klent. Ungezählte Hamburger Schüler haben seither dort unbeschwerte Urlaubswochen verlebt.

Beim Klappholttal bezog die Batterie S II Stellung. Sie verfügte über besonders schwere, weitreichende Geschütze, eigene Gleisanlagen, eine Fernsprechzentrale und sogar ein eigenes Kraftwerk. Auch nach Unterzeichnung der Versailler Verträge blieb sie auf Sylt. Während der Weimarer Republik wurden hier die Artilleristen der Reichswehr ausgebildet.

Sylt blieb im Ersten Weltkrieg von Kampfhandlungen verschont. Gelegentlich aber trieben Seeminen, die sich aus ihrer Verankerung gerissen hatten, auf den Strand. Als eine Mine bei schwerer See gegen die Strandmauer von Westerland geworfen wurde und dabei explodierte, riß sie ein erhebliches Loch in die Wand.

Da er von Beruf Seemann war, versetzte man ihn aber bald nach Hoyerschleuse, wo er als Schiffsführer auf dem von der Wyker Dampfschiffs-Reederei requirierten Motorschiff *Albert Ballin* und dem von der Kaiserlichen Marine bei der Stade-Altländer-Linie beschlagnahmten Dampfer *Schwinge*, die nun zwischen Hoyerschleuse und Munkmarsch verkehrten, eingesetzt wurde. Er brachte jetzt den militärischen Nachschub auf die Insel.

Trotz dieser Kriegsvorbereitungen und der enormen Truppenstärke, die auf die Insel verlegt wurde, blieb Sylt im Ersten Weltkrieg von Kampfhandlungen verschont. Offensichtlich hatte man die strategische Bedeutung der Insel falsch eingeschätzt. Nur ein einziges Mal, als am 25. März 1916 ein englisches Wasserflugzeug wegen ungünstiger Wetterverhältnisse vor Hörnum notwassern mußte und seine Besatzung unverletzt in Gefangenschaft geriet, wurde die Insel einen Wimpernschlag lang vom großen Krieg gestreift.

So vergingen die Jahre des Krieges und hinterließen, was Kriege in der Regel zu hinterlassen pflegen – viel Leid und Not und marode wirtschaftliche und politische Verhältnisse. Nichts wurde danach wieder, wie es einmal gewesen war. Für Sylt war die gute alte Zeit endgültig vorbei.

Eine Zeit geht zu Ende | 125

Auf dem einsamen Ellenbogen wurde es mit Beginn des Ersten Weltkriegs lebendig. Die militärische Führung hielt eine Landung der Alliierten auf Sylt für möglich, deshalb bezogen sofort schwere Batterien vom Ellenbogen bis nach Hörnum Stellung. Ganze Barackenstädte, wie hier auf dem Westellenbogen, wuchsen aus dem Boden.

Glücklicherweise wurde auf Sylt während des Ersten Weltkriegs nicht gekämpft. Nur einmal bekam man den Feind leibhaftig zu sehen. Am Morgen des 25. März 1916 sollten fünf britische Wasserflugzeuge die im Raum Tondern vermuteten Luftschiffhallen bombardieren. Diese Aktion endete aber erfolglos, und drei Maschinen mußten notlanden. Diese „Sopwith Baby" landete unversehrt etwa in Höhe des Hörnumer Leuchtturms im Watt. Die Besatzung geriet unverletzt in Gefangenschaft.

126 | Eine Zeit geht zu Ende

Eine Zeit geht zu Ende | 127

Am 1. August 1914 war plötzlich alles vorbei, und für die Gäste hieß es Abschied nehmen. Es war ein richtiger Strandsommer gewesen, sonnig und warm, als an diesem Tage um 17.10 Uhr der Mobilmachungsbefehl bekanntgegeben wurde. Der Erste Weltkrieg begann. Sylt wurde zur Festung erklärt, und die Gäste hatten umgehend die Insel zu verlassen. Die Dampfer beförderten nun Soldaten und militärisches Gerät von Hoyerschleuse nach Munkmarsch. An ihnen vorbei drängten sich die nach Hause strebenden Gäste. Am 5. August wurde das Bad offiziell geschlossen.

Impressum

Bildnachweis:
Archiv Peter Carstensen, Hamburg
außer:
Schleswig-Holsteinische Landesbibliothek, Kiel/Fotos aus: Wilhelm Dreesen, Die Nordseeinsel Sylt, Flensburg 1894: S. 40/41, 46/47, 68/69, 69 o. u. u., 102/103, 112/113, 118/119
Sylter Archiv, Westerland/Sylt: S. 14/15
Karte Vor- und Nachsatz aus: Nordsee-Bäder Sylt, Saison 1901, mit freundlicher Genehmigung der Schleswig-Holsteinischen Landesbibliothek, Kiel

Gestaltung: nach Entwürfen von Hartmut Brückner, Bremen
Lektorat: Rüdiger Frank, Hamburg
Lithographie: Offset-Repro im Centrum, Hamburg
Satz: KCS GmbH, Buchholz/Hamburg
Druck: C. H. Wäser, Bad Segeberg
Bindung: Buchbinderei Büge, Celle

Die Deutsche Bibliothek – CIP-Einheitsaufnahme

Das alte Sylt / Peter Carstensen. – Hamburg : Ellert und Richter, 1997
ISBN 3-89234-750-6
NE: Carstensen, Peter

© Ellert & Richter Verlag GmbH, Hamburg 1997
Dieses Werk einschließlich aller seiner Teile ist urheberrechtlich geschützt. Jede Verwertung außerhalb der engen Grenzen des Urheberrechtsgesetzes ist ohne Zustimmung des Verlages unzulässig und strafbar. Dies gilt insbesondere für Vervielfältigungen, Übersetzungen, Mikroverfilmungen und die Einspeicherung und Verarbeitung in elektronischen Systemen.

Titelabbildung:
Aufnahme des Westerländer Hauptstrands um die Jahrhundertwende
Abbildungen auf der Rückseite:
Oben: Ankunft im Hafen Munkmarsch, links die wartende Inselbahn
Unten links: Der Westerländer Hauptstrand mit den Strandhallen, im Hintergrund die „Villa Breitenfeld"
Unten rechts: Gehöft im alten Westerende von Westerland, am heutigen Fischerweg

Literatur:
Hansen, Christian Peter: Der Fremdenführer auf der Insel Sylt. Ein Wegweiser für Badende in Westerland, Keitum 1859
ders.: Die nordfriesische Insel Sylt, wie sie war und wie sie ist. Ein Handbuch für Badegäste und Reisende, Leipzig 1859
ders.: Der Badeort Westerland auf Sylt und dessen Bewohner, Garding 1870
Jessen, Wilhelm: Das Meer vernichtet – und segnet, Westerland 1967
Nordseebäder Sylt (Bäderführer), Westerland 1877, 1898, 1900, 1906, 1908, 1910–1914
Nordseebad Kampen, 1914
Nordseebad Wenningstedt, 1908
Rodenberg, Julius: Stillleben auf Sylt, 3. Auflage, Berlin 1876
Stöpel, Richard: Geschlechter kommen und gehen. Versuch einer Geschichte Sylts, 2. Band, Westerland 1927
Voigt, Harald: Die Festung Sylt, Bredstedt 1992
Wedemeyer, Manfred/Voigt, Harald: Westerland. Bad und Stadt im Wandel der Zeit, Westerland/Morsum 1980

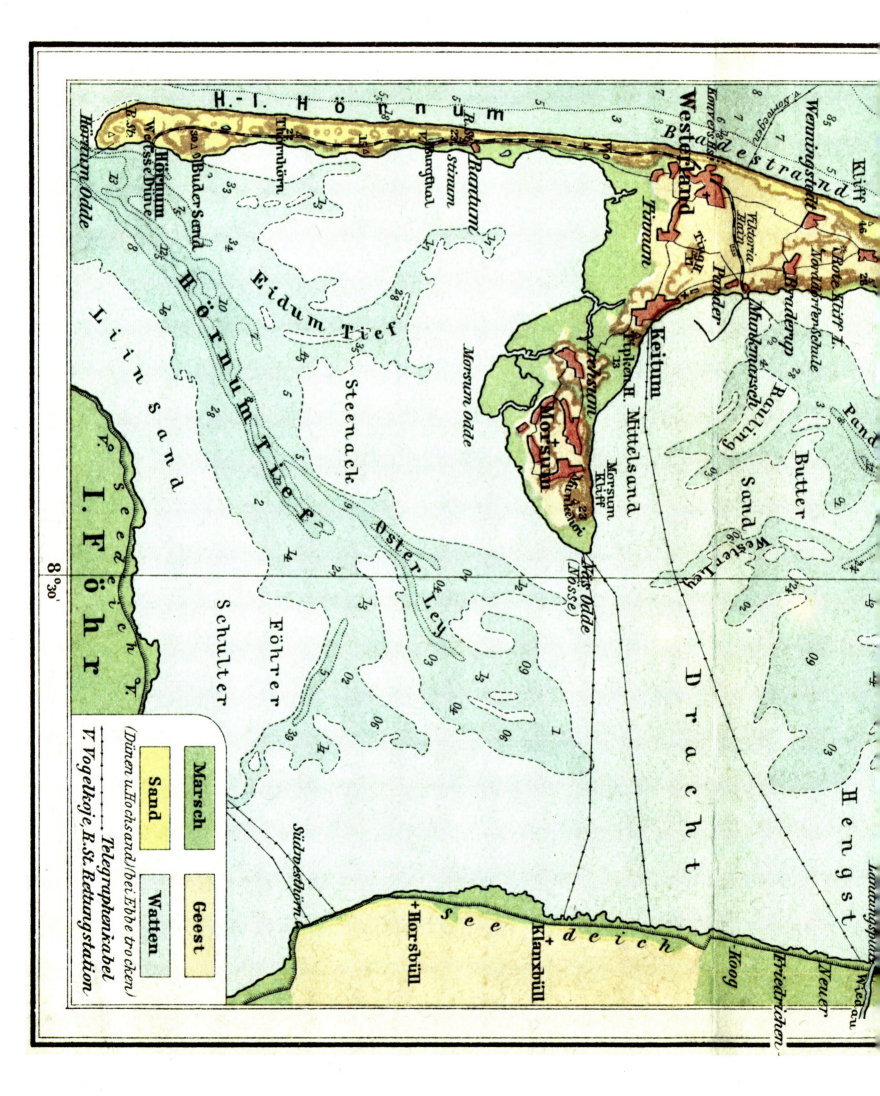